de studenten kookgids pasta

de studenten kookgids pasta

Veltman Uitgevers

Oorspronkelijke titel: Pasta Sauces

© Octopus Publishing Group Ltd 2007
Ontwerp: Ginny Zeal
Productieleiding: Martin Croshaw
Inleiding: Cara Frost-Sharatt

Nederlandstalige uitgave:
© 2009 Veltman Uitgevers, Utrecht
Vertaling: Tanja Timmerman/Vitataal
Redactie en productie: Vitataal, Feerwerd
Omslagontwerp: Ton Wienbelt, Den Haag
Opmaak: De ZrIJ, Utrecht

ISBN 978 90 483 0080 8

2e druk 2010

Alle rechten voorbehouden.

Voor meer informatie: www.veltman-uitgevers.nl

OPMERKING
Er wordt standaard uitgegaan van afgestreken lepels en kopjes.
1 theelepel = 5 ml, 1 eetlepel = 15 ml.

Er worden eieren van gemiddelde grootte gebruikt, tenzij anders vermeld.

In dit boek staan recepten met noten of producten die noten bevatten. Mensen met een notenallergie en mensen die gevoelig kunnen zijn voor allergische reacties, zoals zwangere vrouwen, vrouwen die borstvoeding geven, zieken, ouderen, baby's en jonge kinderen, wordt geadviseerd om recepten met noten of notenolie te vermijden. Het is tevens aanbevelenswaardig om de etiketten van kant-en-klare producten te lezen, omdat er noten in verwerkt kunnen zijn.

Dit boek bevat ook recepten met rauwe of halfgare eieren. Kwetsbare mensen, zoals zwangere vrouwen, vrouwen die borstvoeding geven, zieken, ouderen, baby's en jonge kinderen, wordt afgeraden gerechten met rauwe of halfgare eieren te eten.

Zorg ervoor dat vlees en gevogelte goed gaar is. Om te controleren of gevogelte gaar is, prik je het dikste deel in met een prikker of vork. Het sap dat eruit loopt, moet helder zijn, niet rood of roze.

Verwarm de oven voor op de voorgeschreven temperatuur. Heb je een heteluchtoven, raadpleeg dan de handleiding van de fabrikant voor het aanpassen van de temperatuur. Een grill moet ook voorverwarmd worden.

inhoud

inleiding — 6

klassiekers — 22

vlees — 54

vegetarisch — 98

vis en zeevruchten — 166

kaas — 210

snel en eenvoudig — 230

register — 252

inleiding

Het genot van pasta

Wanneer iemand gevraagd wordt zijn favoriete voedsel op te noemen, is de kans groot dat pasta op nummer één staat. Pasta is een veel gegeten product geworden, en met reden. Los van het feit dat pasta een geweldige bron van koolhydraten is, is het ook goedkoop, snel te bereiden en je hoeft geen topkok te zijn om er een maaltijd mee in elkaar te draaien. Maar de belangrijkste reden is misschien wel de veelzijdigheid van pasta. Er zijn letterlijk honderden soorten pasta te koop en de ideeën voor sauzen zijn eindeloos. Je zult dus niet snel uitgekeken raken op pasta. Sterker nog, wat je lievelingssmaken en -ingrediënten ook zijn, je vindt er geheid een saus mee.

Zoals je verderop in dit boek zult zien, zijn pastasauzen lang niet altijd bewerkelijk en ingewikkeld. Enkele van de beroemdste Italiaanse pastasauzen bestaan uit slechts een handvol ingrediënten. De sleutel tot succes is kwaliteit, niet kwantiteit. Spaghetti kan bijvoorbeeld heel lekker zijn met weinig meer dan een scheutje goede olijfolie, wat gehakte knoflook en wat versgehakt basilicum. Pastasauzen kunnen vaak ook heel goed wat aangepast worden, dus als je eenmaal een paar van de recepten onder de knie hebt, wil je er misschien wel mee gaan experimenteren, bijvoorbeeld door wat chorizo toe te voegen of een extra handvol geraspte Parmezaanse kaas. Zoals met alles wat Italiaans is, heeft het bereiden van pasta alles te maken met genieten. Genieten van de ingrediënten, maar ook van het bij elkaar zijn en samen eten. De hele pasta-ervaring moet relaxt en aangenaam zijn.

Snel en eenvoudig

Zowel gedroogde als verse pasta is heel snel te koken, wat pasta ideaal maakt voor snelle en eenvoudige maaltijden. Van pasta kun je samen genieten en zelfs de meest kieskeurige eters gaan meestal wel overstag voor een bord eenvoudige spaghetti bolognese. De meeste pastasauzen kun je van tevoren bereiden en in de diepvries bewaren, wat handig is als je net de allerdrukste dag van je leven achter de rug hebt en absoluut geen zin hebt om een volledige maaltijd te koken. Je kookt gewoon de pasta, warmt de saus op en het eten is klaar – een warme, zelfgemaakte, lekkere maaltijd.

Een voordelige keuze

Nog een reden voor de grote populariteit van pasta is dat je met pasta een echt voedzame en vullende maaltijd op tafel zet zonder je hele huishoudbudget erdoorheen te jagen. Dit heeft ervoor gezorgd dat pasta een echte studentenfavoriet is, hoewel de tijden van macaroni, een blikje tonijn en wat mayonaise plaats lijken te hebben gemaakt voor iets verfijndere kookkunsten. Aangezien veel studenten met slechts een marginale kennis van koken op zichzelf gaan wonen, geven veel bezorgde ouders hun overlevingspakketjes met pasta mee zodat zelfs de meest onervaren koks niet zullen verhongeren. Hoewel de meeste studenten beginnen met sauzen uit pakjes en potjes, is er vaak al snel een rappe vordering te bespeuren in de richting van zelfgemaakte varianten, en pastamaaltijden zijn ideaal voor het experimenteren met je kookkunsten en met allerlei soorten ingrediënten.

Viva Italia

Pasta heeft nogal een luisterrijke geschiedenis die bijna iedereen in verband brengt met de Italiaanse keuken, hoewel er vergelijkbare gerechten werden gegeten in andere landen. Sommigen schrijven de introductie van pasta in Italië toe aan de ontdekkingsreiziger Marco Polo, terwijl anderen van mening zijn dat de eerste gedroogde pasta, samen met andere ingrediënten, naar Italië kwam met de invasies van de Arabieren en zo in de plaatselijke keuken werd opgenomen.

Hoe pasta ook in Italië beland is, het lijdt geen twijfel dat de Italianen een heel creatieve omgang hadden met dit praktische en voedzame product en dat het al snel een basisvoedingsmiddel werd. Omdat gedroogde pasta zo lang houdbaar is, werd deze graag meegenomen als provisie voor lange reizen over zee, waardoor de populariteit van pasta verder verspreid werd. Er werden technieken en apparaten ontwikkeld om de productie van pasta minder arbeidsintensief te maken en deze hadden tot gevolg dat er pasta in allerlei vormen en maten kwam. De introductie van tomaten in Europa stelde de toekomst van pasta verder veilig omdat ze een perfecte basis voor sauzen vormen.

Soorten pasta

Pasta is er in allerlei vormen en maten en kan van verschillende ingrediënten gemaakt worden. Zo zijn er ook pastasoorten speciaal voor mensen met bepaalde voedselintoleranties. De meeste soorten gedroogde pasta zijn gewoon van bloem en water gemaakt, waardoor ze heel lang houdbaar zijn. Het hoofdingrediënt is meestal durumtarwe.

❋ Eierpasta

Er zijn soorten gedroogde pasta waarin eieren zijn verwerkt, maar meestal zijn het de verse pastasoorten die eieren bevatten. Eieren voegen kleur en smaak toe en helpen de ingrediënten beter te binden en tijdens het koken beter bijeen te blijven.

❋ Volkorenpasta

Veel pastasoorten zijn nu ook verkrijgbaar in een volkoren variant. Net als bij andere volkorenproducten betekent dit dat de koolhydraten langzamer vrijkomen, wat goed is voor het behoud van een stabiel energieniveau in het lichaam.

❋ Pasta met smaak

Spinazie en tomaat zijn twee populaire smaken voor pasta. Je komt dan ook vaak bijvoorbeeld groene en rode tagliatelle tegen.

❋ Glutenvrij

Er zijn verschillende soorten glutenvrije pasta op de markt. Deze zijn speciaal ontwikkeld voor mensen met coeliakie en kunnen de vergelijking met gewone pasta qua smaak en textuur heel goed doorstaan.

Pasta-
varianten

 Penne

Deze populaire pastabuisjes worden meestal schuin gesneden en hebben ribbels, waardoor de saus beter aan de pasta hecht. Penne gaan heel goed samen met grove sauzen op basis van tomaat.

 Macaroni

Dit zijn kleine gebogen buisjes, 'elleboogjes', zonder ribbels. Macaroni was een van de eerste pastasoorten die de Nederlandse markt veroverde.

 Farfalle

Deze kleine strikjes zijn ideaal voor pastasalades of met groentesauzen.

 Fusilli

Deze veelzijdige pastasoort is spiraalvormig. Hij kan gecombineerd worden met allerlei soorten sauzen en is ook lekker in salades.

 Orecchiette

Deze pastasoort wordt steeds populairder. De letterlijke vertaling is 'kleine oren'. Het is een stevige pasta die heel geschikt is voor ovengerechten of met hartige vleessauzen.

 Spaghetti

Deze lange slierten worden vaak gecombineerd met de beroemde Bolognesesaus (zie blz. 28), maar zijn ook heel lekker met schaaldieren en roomsauzen.

 Tagliatelle

Deze brede platte pasta is er ook in een tomaten- (rood) en spinazievariant (groen). Snelle carbonarasaus (zie blz. 232) gaat er goed mee samen, net als andere roomsauzen.

 Ravioli

Deze gevulde pastavormen zijn er met uiteenlopende vullingen, van kaas tot vlees. Versgemaakte ravioli wordt in restaurants vaak als voorgerecht geserveerd.

Pasta koken

Timing is alles bij het koken van pasta. Verschillende pastasoorten hebben verschillende kooktijden, dus kijk altijd goed naar de aanwijzingen op de verpakking. Ga daar echter ook weer niet volledig op af en proef altijd even een stukje voordat je de pasta serveert. Je hoeft je ook niet precies aan de voorgeschreven hoeveelheden te houden. Als je vaker pasta maakt, vorm je vanzelf je eigen wensenpakket wat de verschillende pastasoorten en sauzen betreft. Houd bij de hoeveelheden natuurlijk wel rekening met wat je maakt, bijvoorbeeld een voorgerecht of een hoofdgerecht, een lichte maaltijd of zware kost, en met de eetlust van jezelf en van je gasten. Hier volgt een stap-voor-staprichtlijn.

1 Doe kokend water in een grote pan en zet die op hoog vuur om het water weer aan de kook te brengen. Voeg een snufje zout toe.

2 Meet de benodigde hoeveelheid pasta af en doe de pasta in de pan. Roer even snel door de pan want de pasta blijft soms aan de bodem van de pan kleven.

3 Kook de pasta volgens de aanwijzingen op de verpakking. Neem tegen het einde van de kooktijd een paar stukjes pasta uit de pan en proef ze om te kijken of de mate van gaarheid naar wens is. Eet je pasta bij voorkeur als deze al dente is, oftewel als hij zijn vorm behoudt en nog enige beet heeft.

4 Giet de pasta meteen af, doe hem terug in de hete pan (van het vuur af) en roer de saus erdoor. Het is belangrijk dat je dit gelijk doet, want de pasta gaat aan elkaar kleven als hij eenmaal is afgegoten.

Verse pasta koken

Verse pasta is veel sneller gaar dan gedroogde en is minder stevig, dus roer niet te veel tijdens het koken. De meeste soorten verse pasta hebben een kooktijd van slechts een paar minuten, dus houd de klok in de gaten. Overgare pasta wordt klef en verliest zijn vorm (en in het geval van gevulde pasta ook zijn vulling). Kook verse pasta net als gedroogde pasta in een grote pan kokend, gezouten water en giet hem goed af als hij gaar is. Voeg ook bij verse pasta de saus meteen toe en roer goed voor het serveren.

 ## Tips

* Gebruik de grootste pan die je hebt; pasta heeft veel bewegingsruimte nodig tijdens het koken.
* Voeg pasta altijd toe aan kokend water, nooit aan koud water.
* Als je de saus niet gelijk door de pasta wilt roeren of als je een pastasalade maakt, schep dan een scheutje olie door de pasta, zodat deze niet aan elkaar kleeft.

 ## Pasta en saus combineren

Met de enorme hoeveelheid soorten pasta op de markt kun je wel eens helemaal de kluts kwijtraken als het gaat om het combineren van een saus met de juiste pastasoort. Bij de meeste sausrecepten staat vermeld welke pastasoort je er het beste bij kunt nemen. Daarnaast is het goed om een algemeen beeld te hebben van wat voor soort sauzen samengaan met welke pastasoorten. Op die manier weet je ook wat je als alternatief kunt gebruiken als je de gewenste pastasoort niet in huis hebt. De tabel hieronder is een richtlijn.

Pastasoort	Voorbeeld	Saus
buisjes	penne, rigatoni	sauzen met stukken
lang en dun	spaghetti, linguine	sauzen op basis van olijfolie en kruiden
vormen	farfalle, conchiglie	ruwe sauzen met textuur

Onmisbaar in de voorraadkast

Er zijn een paar ingrediënten die in heel veel recepten in dit boek voorkomen. Het is handig om dit soort basisproducten altijd in huis te hebben als je een pastaliefhebber bent. Koop het liefst de beste ingrediënten die je budget toelaten, want deze maken alle verschil in het gerecht dat je uiteindelijk op tafel zet.

 Tomaten

Tomaten worden op allerlei manieren gebruikt in pastagerechten. Verschillende recepten vragen om verschillende soorten tomaten, maar het is altijd goed om zowel verse tomaten als tomaten in blik in huis te hebben. Als je de tijd hebt, kun je beter verse nemen, maar dan moet je ze wel eerst ontvellen. Hiervoor vul je een grote pan met water en breng je dat aan de kook. Snijd de tomaten aan de onderkant kruislings in en dompel ze 30 seconden onder in het kokende water. Haal ze met een schuimspaan uit het water en dompel ze onder in ijskoud water. Laat ze uitlekken en trek het vel er voorzichtig af.

 knoflook

Knoflook wordt gebruikt in de meeste pastasauzen, en eigenlijk in de hele Italiaanse keuken. Gebruik altijd verse knoflook, laat je niet verleiden tot de aanschaf van potjes gekneusde tenen. Meestal moet je de tenen in dunne plakjes snijden of persen. Daarvoor is een knoflookpers het handigst, maar je kunt de tenen ook pletten met de platte kant van een mes of met een deegroller.

 **Olijfolie**

Kies extra vergine olijfolie van goede kwaliteit, tenzij het recept anders vermeldt. Net als wijn is olijfolie te koop in allerlei kwaliteiten en smaken en dat merk je uiteindelijk aan de smaak van de saus.

 **Kruiden**

Ook deze spelen een hoofdrol in pastasauzen. Probeer altijd verse kruiden te nemen, want die smaken veel beter. Basilicum, oregano en peterselie zijn de drie kruiden die in heel veel recepten voorkomen, dus is het handig deze standaard in je keuken te hebben. Of beter nog, kweek ze zelf!

 Kaas

Parmezaanse kaas, pecorino, mascarpone en mozzarella zijn vier kazen die elkaar naar de kroon steken om de hoofdrol in veel recepten in dit boek. Versgeraspte Parmezaanse kaas is een must en voor mozzarella geldt dat je als het even kan buffelmozzarella moet gebruiken.

 Pasta bewaren

Gedroogde pasta is ideaal voor de voorraadkast, want hij blijft jaren goed – letterlijk! Als de pasta op basis van eieren is gemaakt, blijft hij een jaar of twee goed. Varianten zonder ei blijven minimaal drie jaar goed. Kijk wel altijd goed naar de houdbaarheidsdatum op de verpakking. Gekookte pasta kun je tot drie dagen in de koelkast bewaren. Sprenkel er voor het bewaren wat olijfolie over en roer deze erdoor. Hierdoor gaat de pasta niet aan elkaar kleven.

Hoe lang pasta die je vers in de winkel koopt goed blijft, hangt voornamelijk af van het feit of de pasta gevuld is en waaruit de vulling bestaat. Controleer ook hierbij altijd de houdbaarheidsdatum op de verpakking en bewaar alle verse pasta in de koelkast. Veel verse pasta kan ook ingevroren worden en direct uit de diepvries gekookt worden.

Visbouillon

25 g **boter**

3 **sjalotjes**, grof gesneden

1 kleine **prei**, grof gesneden

1 stengel **bleekselderij** of stuk **venkel**, grof gesneden

1 kg **witvis**- of **schaaldiergraten**, **-koppen** en **-afsnijdsel**

1,5 dl droge **witte wijn**

enkele takjes **peterselie**

½ **citroen**, in plakjes

1 tl **zwarte** of **witte peperkorrels**

1 l **water**

VOOR

TIJD

VOOR

Gebruik geen vette vis voor het maken van bouillon, want deze maakt de bouillon vet en geeft hem een veel te sterke smaak. Visbouillon is veel sneller klaar dan vleesbouillon, dus pas op dat je de bouillon niet te lang kookt, anders verpest je de smaak.

1 Smelt de boter in een grote pan met dikke bodem tot hij bubbelt.

2 Voeg alle groenten toe en bak ze op matig vuur 5 minuten, tot ze zacht maar nog niet bruin zijn. Voeg de visgraten, -koppen en -afsnijdsels, de wijn, peterselie, citroen, peperkorrels en het water toe.

3 Breng het geheel aan de kook en schuim het oppervlak af. Zet het vuur laag en laat de bouillon 20 minuten sudderen.

4 Zeef de bouillon, dek hem af en laat hem afkoelen. Zet de bouillon een nacht in de koelkast en schep dan de laag vet die zich heeft gevormd eraf en gooi deze weg. Bewaar de visbouillon tot 24 uur in de koelkast of vries hem gelijk in.

Kippen-bouillon

Gooi nooit een karkas van een kip weg. Of het nu gaar of rauw is, je kunt er een geweldige kippenbouillon van trekken als basis voor soepen en sauzen. Verzamel alle botten, vel en aanbaksel in de pan. Je kunt ook een rauw karkas nemen en dit eerst even in 30 minuten in een hete oven bruin bakken.

1 Druk het karkas van de kip in een grote pan met dikke bodem; breek de botten eventueel als het niet helemaal past. Voeg het afsnijdsel, de groenten, laurierblaadjes en peperkorrels toe en zet het geheel onder koud water.

2 Breng het geheel langzaam aan de kook en schuim het oppervlak af. Zet het vuur laag en laat de bouillon 1½-2 uur sudderen.

3 Zeef de bouillon, dek hem af en laat hem afkoelen. Zet de bouillon een nacht in de koelkast en schep dan de laag vet die zich heeft gevormd eraf en gooi deze weg. Bewaar de kippenbouillon tot 4 dagen in de koelkast of vries hem gelijk in.

10 VOOR

120 TIJD

1 liter VOOR

1 groot **kipkarkas**, het liefst inclusief afsnijdsels, zoals de nek, het hart en de ingewanden (niet de lever)

1 **ui**, grof gesneden

1 grote **wortel**, grof gesneden

enkele **laurierblaadjes**

1 tl **zwarte peperkorrels**

Runderbouillon

1,75 kg **runderbotten**, in stukken van 8 cm

2 **uien**, in vieren

2 **wortels**, grof gesneden

2 stengels **bleekselderij**, grof gesneden

2 **tomaten**, gehakt

4 l **water**

10 takjes **peterselie**

4 takjes **tijm**

2 **laurierblaadjes**

8 **zwarte peperkorrels**

15 VOOR

300 TIJD

2 liter VOOR

Als je rundvlees bij de slager koopt, vraag dan of je ook de botten mee kunt krijgen in hanteerbare stukken. Je kunt ook goedkopere soorten rundvlees gebruiken voor de bouillon, maar dat is altijd nog duurder dan het gebruik van botten.

1 Doe de botten in een grote braadslede en rooster ze 30 minuten in een op 230 °C voorverwarmde oven, of tot ze licht gebruind zijn en het vet en de sappen eruit lopen. Keer ze af en toe om. Voeg alle groenten toe, schep het vet uit de braadslede erover, roer af en toe en bak alles nog 30 minuten.

2 Doe de botten en groenten over in een grote pan met dikke bodem. Schenk het vet uit de braadslede en doe er 1,5 dl water in. Zet de braadslede op laag vuur en breng de inhoud aan de kook. Schraap aanbaksel van de bodem. Schenk de inhoud van de braadslede in de pan en voeg de rest van het water toe.

3 Breng de bouillon aan de kook en schuim het oppervlak af. Voeg de kruiden en peperkorrels toe. Dek de pan deels af, zet het vuur laag en laat de bouillon 4 uur sudderen.

4 Zeef de bouillon, dek hem af en laat hem afkoelen. Zet de bouillon een nacht in de koelkast en schep dan de laag vet eraf en gooi deze weg. Bewaar de kippenbouillon tot 4 dagen in de koelkast of vries hem gelijk in.

Groente-bouillon

VOOR 15

TIJD 30

VOOR 600 ml

50 g **boter**

2 **uien**, gesnipperd

2 **preien**, in dunne ringen

2 **wortels**, gehakt

2 stengels **bleekselderij**, gehakt

1 **venkelknol**, gehakt

1 takje **tijm**

1 takje **majoraan**

1 takje **venkel**

4 takjes **peterselie**

9 dl **water**

Je kunt elke combinatie van groenten gebruiken die je lekker vindt, zolang ze maar vers zijn. Voeg altijd uien toe, maar vermijd verder groenten met al te sterke smaken, zoals kool, en zetmeelrijke groenten, zoals aardappels, want die maken de bouillon troebel. In veel recepten met bouillon kun je in plaats van groente- ook kippenbouillon gebruiken.

1 Smelt de boter in een grote pan met dikke bodem, voeg alle groenten toe en roer om ze te bedekken. Dek de pan af en bak de groenten 10 minuten op laag vuur.

2 Roer alle kruiden erdoor en voeg het water toe. Breng het aan de kook. Zet het vuur laag, dek de pan af en laat de bouillon op laag vuur 15 minuten sudderen.

3 Zeef de bouillon, dek hem af en laat hem afkoelen. Zet de bouillon een nacht in de koelkast. Bewaar de bouillon tot 2 dagen in de koelkast of vries hem gelijk in.

klassiekers

Pesto

50 g **basilicum**, met steeltjes

50 g **pijnboompitten**

65 g **Parmezaanse kaas**, versgeraspt

2 **teentjes knoflook**, gehakt

1,25 dl **olijfolie**

zout en **peper**

VOOR 5

TIJD 0

4 PORTIES

fris

Op traditionele wijze pesto maken met een vijzel en stamper vult de lucht met de heerlijke geur van gekneusd basilicum, maar het kost natuurlijk meer tijd dan de methode met de keukenmachine die we hier gebruiken. Versgemaakte pesto is een heerlijke pastasaus.

1 Scheur de basilicumblaadjes in stukken en doe ze met de pijnboompitten, Parmezaanse kaas en knoflook in een keukenmachine.

2 Verwerk ze kort in de keukenmachine tot de pitten en kaas verkruimeld zijn. Schraap het mengsel af en toe even van de zijkanten van de mengkom.

3 Voeg de olijfolie en wat zout toe en maal alles tot een dikke pasta. Je kunt de pesto onder olie in een potje met schroefdeksel 5 dagen bewaren.

Pesto trapanese

Dit recept is een nalatenschap van de Arabische overheersing van Sicilië. De Arabieren brachten amandelen naar het eiland en deze pesto komt uit Trapani, waar de Arabieren zich als eerste vestigden.

1 Doe alle ingrediënten in een keukenmachine en maal ze glad. Je kunt ook de tomaten, knoflook, het basilicum en de amandelen met de hand hakken en de olijfolie erdoor roeren. Zo krijg je een grovere pesto.

2 Breng de pesto op smaak met zout en peper en garneer met extra basilicumblaadjes. Je kunt de pesto onder een laag olie in een potje met schroefdeksel tot 5 dagen bewaren.

12 VOOR

0 TIJD

4-6 PORTIES

simpel

3 rijpe **tomaten**

4 **teentjes knoflook**

50 g **basilicumblaadjes**, plus extra ter garnering

125 g blanke **amandelen**, geroosterd

1,5 dl **olijfolie**

zout en **peper**

Gehaktballen-saus

500 g **rundergehakt**

½ grote **ui**, zeer fijn gehakt

1 **teentje knoflook**, geperst

1 tl gehakte **oregano**

1 tl **gedroogde gemengde kruiden**

50 g vers **broodkruim**

1 **ei**, losgeklopt

2 el **olijfolie**

zout en **peper**

takjes **peterselie**, ter garnering

SAUS:

1 **ui**

400 g **tomaten** uit blik

6 dl **runderbouillon** (zie blz. 20)

2 el **tomatenpuree**

1 el **rodewijnazijn**

1 tl gehakte **oregano**

1 tl **gedroogde gemengde kruiden**

1 tl **basterdsuiker**

VOOR

TIJD

PORTIES

Deze kruidige gehaktballetjes en rijke tomatensaus zijn heerlijk met spaghetti of een andere lange, dunne pastasoort als alternatief voor bolognesesaus.

1 Doe alle ingrediënten voor de saus in een blender en pureer ze. Doe het mengsel in een pan en breng het op smaak. Breng de saus aan de kook, dek hem af en laat hem sudderen. Roer af en toe en maak intussen de gehaktballetjes.

2 Doe het gehakt in een kom en meng het met de ui, knoflook, kruiden, het broodkruim en ei. Breng op smaak. Kneed het mengsel ongeveer 5 minuten, tot het kleverig is. Maak er 50 gehaktballetjes van.

3 Verhit de olie in een pan met antiaanbaklaag en braad de gehaktballetjes in porties 5-7 minuten aan, tot ze rondom bruin zijn. Laat ze uitlekken op keukenpapier.

4 Voeg de gehaktballetjes toe aan de saus. Dek de pan af en laat de saus 20 minuten zachtjes pruttelen. Schud de pan af en toe. Garneer met takjes peterselie.

Koriander-saus

Deze romige combinatie van zomerse, geurige koriander en pijnboompitten met gladde roomkaas geeft een eenvoudige maar verrukkelijke saus.

5
VOOR

5
TIJD

4
PORTIES

kruidig

flinke bos verse **koriander**, blaadjes en steeltjes gescheiden

50 g **pijnboompitten**

1½ el **olijfolie**

125 g **sjalotjes**

250 g **halfvolle roomkaas**

1,25 dl **melk** of **room**

zout en **peper**

1 Houd wat korianderblaadjes apart voor de garnering en hak de rest fijn. Doe ze in een vijzel met de pijnboompitten en vermaal ze met de stamper. Je kunt ze ook in een kom doen en ze vermalen met het uiteinde van een deegroller.

2 Verhit de olie in een pan. Voeg de sjalotjes toe en bak ze al roerend 2 minuten. Zet het vuur laag en roer het koriandermengsel en de roomkaas en daarna de melk of room erdoor. Voeg zout en peper naar smaak toe. Breng de saus aan de kook, zet het vuur laag en laat hem 2 minuten sudderen, tot hij goed heet is.

3 Garneer met de achtergehouden korianderblaadjes en serveer.

Bolognesesaus

VOOR 15

TIJD 75

6 PORTIES

vlezig

- 25 g **boter**
- 2 el **olijfolie**
- 1 **ui**, fijngehakt
- 2 stengels **bleekselderij**, fijngehakt
- 2 **teentjes knoflook**, geperst
- 500 g mager **rundergehakt**
- 200 g pittige **Italiaanse worst**, zonder vel
- 3 dl **rode wijn** of **witte wijn**
- 400 g gehakte **tomaten** uit blik
- 1 tl **basterdsuiker**
- 2 **laurierblaadjes**
- 1 tl **gedroogde oregano**
- 1 tl **zongedroogdetomatenpuree**
- **zout** en **peper**

De combinatie van de pittige worst met het gebruikelijke gehakt geeft deze saus een volle vleessmaak die heel dicht in de buurt komt van de traditioneel in Bologna geserveerde saus. Neem de tijd voor dit recept; laat het vlees langzaam gaar worden en laat de smaken zich mengen.

1 Smelt de boter met de olie in een grote pan met dikke bodem en bak de ui en bleekselderij er 5 minuten zachtjes in.

2 Voeg de knoflook, het gehakt en de ontvelde worst toe en bak ze tot ze licht gebruind zijn. Breek het gehakt en het worstenvlees met een houten lepel in stukjes.

3 Voeg de wijn toe en laat deze 1-2 minuten bubbelen, tot hij iets is verdampt. Voeg de tomaten, suiker, laurier, oregano, tomatenpuree en wat zout en peper toe. Breng het geheel net aan de kook. Zet het vuur op de laagste stand, dek de pan af en laat de inhoud in 1 uur tot een dikke saus sudderen; roer af en toe.

Bolognesesaus met linzen

In tegenstelling tot sommige andere soorten hoeven groene linzen niet heel lang voor te weken. Je kunt ze gewoon afspoelen en dan koken. Dat maakt deze vegetarische versie van de bolognesesaus een stuk sneller!

1 Spoel de linzen af, doe ze in een pan, zet ze onder water en breng aan de kook. Zet het vuur laag en laat de linzen in circa 40 minuten gaar sudderen. Giet ze af maar bewaar het kookvocht.

2 Verhit intussen de olie in een grote pan en bak de uien er in 5 minuten zacht in. Voeg dan de knoflook, bleekselderij en wortels toe. Dek de pan af en bak de groenten in 15 minuten gaar.

3 Roer de linzen, tomatenpuree, zout en peper en wat van het bewaarde linzenkookvocht erdoor om een dikke, zachte substantie te maken. Breng deze aan de kook, zet het vuur laag en laat de saus 10 minuten sudderen. Voeg nog wat kookvocht toe als dat nodig is.

10 VOOR

55 TIJD

4 PORTIES

hartig

250 g **hele groene linzen**

2 tl **plantaardige olie**

2 **uien**, gehakt

2 **teentjes knoflook**, geperst

2 stengels **bleekselderij**, gehakt

2 **wortels**, fijngehakt

2 el **tomatenpuree**

zout en **peper**

Siciliaanse saus

1 **aubergine**, in blokjes

1 el **olijfolie**

2 **uien**, gehakt

2 **teentjes knoflook**, gehakt

400 g gehakte **tomaten** uit blik

2 tl gehakt **basilicum**

zout en **peper**

40 VOOR

25 TIJD

4 PORTIES

hartig

Ui, knoflook, aubergine en tomaat vormen hier een goedkope, hartige, verwarmende saus. Serveer hem met versgeraspte Parmezaanse kaas of pecorino voor extra eiwitten.

1 Doe de blokjes aubergine in een vergiet, bestrooi ze met zout en laat ze 30 minuten staan om eventuele bittere smaken weg te nemen. Spoel ze af onder koud water en droog ze goed met keukenpapier.

2 Verhit de olie in een pan, voeg de ui, knoflook en aubergine toe en bak ze 2-3 minuten. Voeg de tomaten en hun sap en het basilicum toe en zout en peper naar smaak. Breng het geheel aan de kook, zet het vuur laag en laat de saus 15-20 minuten sudderen.

Buongustaio-saus

VOOR

TIJD

Hoewel deze saus lijkt op de Siciliaanse saus van de vorige bladzijde, verandert de smaak aanzienlijk door de toevoeging van champignons. Geef er bucatini bij, een lange, holle pastasoort, die wel wat lijkt op spaghetti, maar dan hol.

1 Verhit de olie in een pan, voeg de ui, knoflook en aubergine toe en bak ze 5 minuten. Doe dan de champignons en tomaten met hun sap erbij. Voeg de salie en zout en peper naar smaak toe.

2 Breng de saus aan de kook, zet het vuur laag, dek de pan af en laat de saus 15 minuten zachtjes koken. Verwijder de salie voor het serveren.

PORTIES

1 el **olijfolie**

1 grote **ui**, fijngehakt

2 **teentjes knoflook**, fijngehakt

1 **aubergine**, geschild en in blokjes

125 g **champignons**, in plakjes

400 g gehakte **tomaten** uit blik

takje **salie**

zout en **peper**

klassiekers **31**

Saus in Ciociarastijl

125 g **doperwten** uit de diepvries

50 g **boter**

250 g **champignons**, in dunne plakjes

2 dl **room**

125 g magere **gekookte ham**, in dunne reepjes

125 g **Parmezaanse kaas**, versgeraspt

zout

VOOR 10

TIJD 8

4 PORTIES

lekker

Deze saus is ideaal met verse groene en witte lintpasta, *paglia e fieno* ('stro en hooi') genaamd.

1 Doe de doperwten in een pan met gezouten kokend water en kook ze volgens de aanwijzingen op de verpakking net gaar.

2 Smelt intussen de helft van de boter in een koekenpan, voeg de champignons toe en bak ze zacht tot ze gaar zijn. Voeg zout naar smaak toe.

3 Doe de rest van de boter en de room in een pan en verhit ze zacht zonder ze te laten koken. Voeg de champignons met hun vocht, de doperwten en de ham toe.

4 Schep een flinke lepel kokend water en een derde van de Parmezaanse kaas door de saus. Serveer de rest van de kaas er apart bij.

Syracusesaus

Deze rustieke saus is een ideaal herfstgerecht, wanneer het seizoen van de courgettes en paprika's op zijn einde loopt en er nog een hele voorraad ligt die op moet.

1 Verhit een grote koekenpan en bak de ui en knoflook er 3-6 minuten droog in. Roer voortdurend, tot ze zacht zijn. Voeg de courgettes toe en bak ze nog 10 minuten.

2 Voeg de groene paprika, tomaten, olijven, ansjovis en kruiden toe. Breng al roerend aan de kook, dek de pan af en laat de saus 10 minuten sudderen. Breng de saus op smaak met zout en peper en garneer met peterselie.

15
VOOR

30
TIJD

6
PORTIES

rustiek

1 grote **ui**, in ringen

2 **teentjes knoflook**, geperst

500 g **courgettes**, gehakt

1 **groene paprika**, zonder zaad en zaadlijsten, gehakt

400 g **tomaten** uit blik, uitgelekt en grof gehakt

125 g ontpitte **zwarte olijven**

3 **ansjovisfilets**, fijngehakt

1 el gehakte **peterselie**

2 tl gehakte **majoraan**

zout en **peper**

enkele takjes **bladpeterselie**, ter garnering

klassiekers 33

Amatriciana-saus

5 el **olijfolie**

1 grote **ui**, fijngehakt

1 stengel **bleekselderij**, fijngehakt

75 g **pancetta**, in blokjes

3 **teentjes knoflook**, geperst

1 pittige **rode Spaanse peper**, zonder zaadjes, fijngehakt

1 kg rijpe, smaakvolle **tomaten**, ontveld (zie blz. 16) en grof gehakt

zout en **peper**

15 VOOR

40 TIJD

4 PORTIES

pittig

Dit is een goede keus als je van een tomatensaus met wat meer pit houdt. Als de tomaten niet zoveel smaak hebben, voeg dan een lepel zongedroogde-tomatenpuree toe.

1 Verhit de olie in een grote pan met dikke bodem en bak de ui, bleekselderij en pancetta zachtjes 6-8 minuten, tot ze zacht zijn; roer regelmatig. Voeg de knoflook en Spaanse peper toe en bak nog eens 2 minuten.

2 Roer de gehakte tomaten erdoor en laat de saus zonder deksel circa 30 minuten pruttelen, tot hij lekker dik is; roer regelmatig. Breng op smaak met zout en peper en serveer.

Driekruidensaus

Serveer deze lichte zomerse maaltijd, die heerlijk geurt van de kruiden en knoflook, met spaghetti tricolore; dat ziet er prachtig uit!

10 VOOR

0 TIJD

4 PORTIES

kruidig

3 el gehakte **peterselie**

1 el gehakte **dragon**

2 el gehakt **basilicum**

1 el **olijfolie**

1 grote teen **knoflook**, geperst

4 el **kippenbouillon** (zie blz. 19)

2 el droge **witte wijn**

zout en **peper**

1 Doe alle ingrediënten in een keukenmachine of blender en pureer ze glad. Voeg zout en peper naar smaak toe.

klassiekers 35

Pesto genovese

250 g **aardappels**, geschild en in dunne plakken

150 g **sperziebonen**

75 g **basilicumblaadjes**

25 g **pijnboompitten**

2 **teentjes knoflook**, geperst

2 el versgeraspte **Parmezaanse kaas**, plus extra voor erbij

1 el versgeraspte **pecorino**

3 el **olijfolie**

zout

VOOR 15

TIJD 15

PORTIES 4

vul-lend

In Genua, de thuisstad van pesto, wordt deze aromatische saus traditioneel gemaakt met aardappels en sperziebonen voordat hij met pasta wordt geserveerd. Dit klinkt misschien een beetje raar, maar het is een hemelse combinatie. Kook de bonen wat langer als je dat lekkerder vindt.

1 Kook de aardappels 10 minuten in een grote pan gezouten kokend water. Voeg de bonen toe en kook alles nog 5 minuten.

2 Meng intussen het basilicum, de pijnboompitten en knoflook in een keukenmachine tot een dikke puree. Voeg de kazen toe en laat de machine nog kort lopen. Giet dan, terwijl de motor nog loopt, de olie in een dunne, gestage stroom door de vultrechter. Je kunt in plaats van een keukenmachine ook een vijzel en stamper gebruiken.

3 Giet de groenten af en bewaar 2 eetlepels van het kookvocht. Doe de groenten weer in de pan en roer de pesto erdoor. Voeg het bewaarde vocht toe om het geheel wat smeuïger te maken. Serveer met extra Parmezaanse kaas.

Primaverasaus

In deze saus zitten alleen groenten die in een bepaald seizoen vers verkrijgbaar zijn. Hier worden groenten uit de lente (erwten en asperges) gecombineerd met zomergroenten (courgettes en tomaten). Geef er fettucine bij.

1 Smelt de boter in een grote pan en bak er zachtjes de ui, wortel en bleekselderij zacht in. Voeg de erwten, tomaten en courgette toe en bak alles nog 5 minuten zachtjes. Doe de asperges erbij en bak alles nog een 1 minuut.

2 Roer de room erdoor. Breng het geheel aan de kook, zet het vuur laag en laat de saus sudderen tot hij voor de helft is ingekookt. Breng op smaak met zout en peper, garneer met peterselie en serveer met Parmezaanse kaas.

15
VOOR

15
TIJD

4
PORTIES

fris

50 g **boter**

1 **ui**, gesnipperd

1 **wortel**, in blokjes

1 stengel **bleekselderij**, in plakjes

100 g gedopte **erwten**

2 rijpe **tomaten**, ontveld (zie blz. 16) en gehakt

1 **courgette**, in blokjes van 1 cm

100 g dunne **groene asperges**, gehakt

3 dl **slagroom**

zout en **peper**

2 el fijngehakte **bladpeterselie**, ter garnering

50 g **Parmezaanse kaas**, versgeraspt, voor erbij

Karren-
mennerssaus

4-5 **teentjes knoflook**, gepeld

50 g **basilicumblaadjes**

snufje gedroogde **chilivlokken**

1,5 dl **olijfolie**

6 rijpe **tomaten**, ca. 750 g, ontveld (zie blz. 16) en gehakt

125 g **gezouten ricotta** of **pecorino**, geraspt, plus extra voor erbij

zout

15
VOOR

0
TIJD

6
PORTIES

rustiek

Deze saus werd heel veel gegeten door Siciliaanse karrenmenners. Hij werd langs de kant van de weg snel in elkaar gedraaid met wat basisingrediënten: tomaten, knoflook, olijfolie en gezouten ricotta, die goed bleef omdat hij geconserveerd was.

1 Doe de knoflook, het basilicum en de chilivlokken met een snufje zout in een keukenmachine en pureer ze glad. Voeg dan langzaam de olie toe tot de saus weer glad wordt. Je kunt dit ook met een vijzel en stamper doen. Roer de puree door de gehakte tomaten.

2 Roer de helft van de kaas door de saus en strooi de rest erover. Serveer met een kommetje geraspte kaas er apart bij.

Peperonata-saus

Deze verrukkelijke pastasaus heeft een frisse, pittige smaak en is perfect voor een winters middag- of avondmaal.

1 Verhit de olie in een pan, voeg de uien knoflook toe en bak ze 5 minuten.

2 Voeg de tomaten met hun sap, tomatenpuree, oregano en laurierblaadjes toe. Breng het geheel aan de kook, zet het vuur laag en laat de saus 10 minuten sudderen.

3 Doe de paprika's erbij en laat de saus nog 10 minuten pruttelen, tot de paprika's net zacht zijn. Breng op smaak. Verwijder de laurierblaadjes en serveer met een kommetje geraspte Parmezaanse kaas.

15 VOOR

30 TIJD

4 PORTIES

fris

- 2 el **olijfolie**
- 3 **uien**, fijngehakt
- 2 **teentjes knoflook**, fijngehakt
- 400 g gehakte **tomaten** uit blik
- 1 el **tomatenpuree**
- 1 el gehakte **oregano**
- 2 **laurierblaadjes**
- 1 **groene paprika**, zonder zaad en zaadlijsten, in blokjes
- 1 **rode paprika**, zonder zaad en zaadlijsten, in blokjes
- **zout** en **peper**
- versgeraspte **Parmezaanse kaas**, voor erbij

klassiekers 39

Napoletana-saus

VOOR 15

TIJD 25

Rode wijn geeft deze groentesaus vol met Italiaanse smaken wat extra pit. Geef er farfalle of een pastasoort van vergelijkbaar formaat bij.

- 2 el **olijfolie**
- 1 **ui**, gehakt
- 2 **teentjes knoflook**, geperst
- 2 **wortels**, fijngehakt en geblancheerd
- 2 **rode paprika's**, zonder zaad en zaadlijsten, fijngehakt
- 4 grote **tomaten**, gehakt
- 1,5 dl **rode wijn**
- 400 g gehakte **tomaten met kruiden** uit blik
- **zout** en **peper**
- bosje **basilicum**, in reepjes, ter garnering

PORTIES 4

rustiek

1 Verhit de olie in een grote koekenpan. Doe de ui en knoflook erin en bak ze circa 3 minuten, tot ze zacht maar nog niet bruin zijn.

2 Voeg de wortels en rode paprika toe en bak alles nog 3 minuten.

3 Roer de gehakte verse tomaten, de rode wijn en de tomaten uit blik erdoor. Breng op smaak. Breng het geheel aan de kook, zet het vuur lager en laat de saus 15 minuten met een deksel deels op de pan sudderen. Garneer met reepjes basilicum.

40 klassiekers

Sardine-knoflook-tomatensaus

Ansjovis, knoflook en olijven vormen samen een sterk smakende, pittige saus die heerlijk is met verse sardines. Door de langzame bereiding gaan de smaken verrukkelijk in elkaar op. Serveer deze saus met conchiglie.

1 Verwijder de kop en staart van de sardines. Open de vissen voorzichtig met je vingers en verwijder de graat. Het geeft niet dat de vissen breken, dat gebeurt later hoe dan ook in de saus.

2 Verhit de olie in een pan met dikke bodem. Voeg de uien toe en bak ze 10 minuten zacht, tot ze goudbruin zijn. Roer regelmatig.

3 Doe de sardines en knoflook erbij en roer om ze met olie en ui te bedekken. Voeg alle resterende ingrediënten toe. Dek de pan af en laat de saus 10-15 minuten sudderen. Breng op smaak en serveer.

20 VOOR

25 TIJD

4 PORTIES

stevig

500 g verse **sardines**

3 el **olijfolie**

2 kleine **uien**, fijngehakt

6 **teentjes knoflook**, geperst

250 g rijpe **tomaten**, ontveld en fijngehakt, of 250 g **gehakte tomaten** uit blik

4 **ansjovisfilets** in olie uit blik, met de olie uit het blik gepureerd

6 **zwarte olijven**, zonder pit

1 el **kappertjes**

1 el **pijnboompitten**

1 el gehakt **basilicum**

peper

Vongolesaus

1,5 kg **vongole** (tapijtschelpen)

4 el **olijfolie**

2 **teentjes knoflook**, geperst

1,25 dl droge **witte wijn**

75 ml **slagroom**

grote handvol **bladpeterselie**, gehakt

zout en **peper**

versgeraspte **Parmezaanse kaas**, voor erbij

VOOR 15

TIJD 10

4 PORTIES

chic

In tegenstelling tot de rijke sauzen op basis van tomaten is dit een lichte en verfijnde saus met schelpdieren, knoflook, witte wijn en room – perfect voor een etentje. Deze saus wordt traditioneel met spaghetti geserveerd.

1 Doe de schelpen in een vergiet en zet dit onder koud water. Schud flink, haal het vergiet uit het water en ververs het water. Herhaal dit tot de schelpen schoon zijn. Laat ze goed uitlekken. Controleer de schelpen en gooi exemplaren die beschadigd of open zijn weg.

2 Verhit de olie in een grote pan op laag vuur. Doe de knoflook en schelpen erin, dek de pan af en bak ze 3 minuten, of tot alle schelpen open zijn. Gooi schelpen die dicht zijn gebleven weg.

3 Haal de schelpen met een schuimspaan uit de pan. Haal uit de helft van de schelpen de schelpdieren en doe eventueel vocht terug in de pan. Zet de schelpen en losse schelpdieren weg.

4 Voeg de wijn en room toe aan de pan en zet het vuur hoger zodat de saus indikt.

5 Doe de schelpen en losse schelpdieren terug in de pan, roer goed en breng de saus aan de kook. Zet het vuur laag en laat de saus 2 minuten sudderen. Voeg dan de peterselie toe, breng op smaak met zout en peper en meng goed. Serveer met geraspte Parmezaanse kaas.

Ansjovis-knoflooksaus

Als je niet zo houdt van de zoute smaak van ansjovis, week de filets dan een tijdje in wat melk. Daarmee behouden ze hun aparte smaak maar worden veel minder zout.

1 Week de ansjovisfilets in wat melk om de zoute smaak te verminderen en laat ze uitlekken.

2 Verhit de olie in een pan, voeg de knoflook en ansjovis toe en bak ze een paar minuten op matig vuur. Haal de knoflook uit de pan en voeg het spek toe.

3 Bak het spek knapperig en voeg de tomaten toe. Breng op smaak met zout en peper en laat alles 10 minuten op laag vuur sudderen. Voeg dan de olijven en oregano toe. Laat de saus nog 10 minuten sudderen tot hij flink is ingedikt. Serveer er geraspte pecorino bij.

10 VOOR

25 TIJD

4 PORTIES

lekker

2 **ansjovisfilets**

wat **melk**

4 el **olie**

1 **teentje knoflook**

50 g **gerookt spek**, zonder zwoerd en in blokjes

400 g **tomaten** uit blik, uitgelekt en in repen

50 g ontpitte **zwarte olijven**, gehakt

¼ tl gehakte **oregano**

zout en **peper**

25 g **pecorino**, versgeraspt, voor erbij

Kruidige all'arrabiata-saus

800 g **tomaten** uit blik, uitgelekt

25 g **boter**

1 **ui**, fijngehakt

125 g **doorregen spek**, zonder zwoerd en in blokjes

2 **teentjes knoflook**, fijngehakt

1-2 **rode Spaanse pepers**, fijngehakt

1 el gehakte **oregano**

1 el gehakte **tijm**

zout en **peper**

1 el gehakte **peterselie**, ter garnering

125 g **Parmezaanse kaas**, versgeraspt, voor erbij

10 VOOR

40 TIJD

4 PORTIES

pittig

Rode Spaanse pepers geven deze tomatenspeksaus een flinke kick. De oregano, tijm en peterselie maken hem lekker kruidig. Serveer er penne bij en je hebt een populair lunchgerecht.

1 Pureer de tomaten in een keukenmachine of blender en zet de puree weg.

2 Smelt de boter in een grote pan op matig vuur. Voeg de ui en het spek toe bak ze al roerend 5 minuten. Doe de knoflook en pepers erbij en bak alles onder af en toe roeren nog 5 minuten, tot de ui zacht is.

3 Voeg de tomaten, oregano en tijm toe en breng de saus op smaak met zout en peper. Dek de saus af, breng hem aan de kook, zet het vuur laag en laat hem circa 30 minuten sudderen. Garneer met de peterselie en serveer met geraspte Parmezaanse kaas.

Puttanesca-saus

Deze Italiaanse tomatensaus heeft vele sterke smaken, zoals die van zwarte olijven, ansjovis en kappertjes. Het is een dikke, volle saus die met bijna elke pastasaus gecombineerd kan worden, vooral met spaghetti, tot een snelle maaltijd.

1 Verhit de olie in een pan op matig vuur, voeg de uien toe en bak ze in 5 minuten zacht.

2 Voeg de knoflook en ansjovis toe en bak ze 3 minuten mee, tot de ansjovis helemaal uit elkaar is gevallen.

3 Roer de tomaten, olijven, kappertjes en oregano erdoor en breng op smaak met zout en peper. Breng de saus aan de kook, zet het vuur laag en laat de saus 20 minuten sudderen. Roer af en toe. Garneer met het rode basilicum en serveer met geraspte Parmezaanse kaas.

10
VOOR

30
TIJD

4
PORTIES

dik

4 el **olijfolie**

2 **uien**, gesnipperd

2 **teentjes knoflook**, fijngehakt

8 **ansjovisfilets**, grof gehakt

400 g **tomaten** uit blik, uitgelekt en gehakt

12 **zwarte olijven**, zonder pit en gehalveerd

1 el **kappertjes**, uitgelekt

2 el gehakte **oregano**

zout en **peper**

rode basilicumblaadjes, ter garnering

125 g **Parmezaanse kaas**, versgeraspt, voor erbij

Saus van geroosterde groenten

500 g **aubergines**, grof gehakt

300 g **courgettes**, grof gehakt

3 **rode paprika's**, zonder zaad en zaadlijsten, in stukken

2 **rode uien**, grof gehakt

2 tl gehakte **rozemarijn**

1,25 dl **olijfolie**

1 el **balsamicoazijn**

1 el **heldere honing**

zout en **peper**

versgeraspte **Parmezaanse kaas**, voor erbij

VOOR 10

TIJD 60

PORTIES 4

lekker

De groenten in deze saus worden voor het roosteren in stukken gesneden, zodat ze lekker knapperig worden. Deze saus is ideaal bij verse lintpasta, zoals tagliatelle of pappardelle, en is extra lekker als je er een beetje zoute kaas over strooit, zoals Parmezaanse kaas, pecorino of grana padano.

1 Hak de aubergines in een keukenmachine in ongelijkmatige stukken en doe ze in een grote braadslede. Doe hetzelfde met de courgettes en aubergines. Roer de uien en rozemarijn erdoor en besprenkel het geheel met 1 dl van de olie.

2 Rooster de groenten circa 1 uur in een op 200 °C voorverwarmde oven. Keer ze regelmatig tot ze diep goudbruin zijn en beginnen te karamelliseren.

3 Meng de resterende olie met de balsamicoazijn en honing. Besprenkel de groenten ermee, breng op smaak en meng goed. Serveer met geraspte kaas.

Driekazen-saus

Als je verschillende kazen combineert in een gerecht, is het het lekkerst om kazen te nemen die flink met elkaar contrasteren in smaak en textuur, zoals provolone of fontina met ricotta en Parmezaanse kaas of pecorino.

1 Doe de olie, het bieslook, de rozemarijn en cayennepeper in een pan en verhit ze een paar minuten zacht zodat de kruiden en specerijen in de olie trekken.

2 Roer de ricotta erdoor en verhit alles al roerend zachtjes tot de kaas zacht is geworden.

3 Roer de rest van de kazen erdoor en verhit de saus een minuut zacht, tot hij glad, romig en goed heet is.

5 VOOR

5 TIJD

2 PORTIES

kazig

- 4 el **olijfolie met citroensmaak**
- 3 el gehakt **bieslook**
- 1 tl fijngehakte **rozemarijn**
- flinke snuf **cayennepeper**
- 150 g **ricotta**
- 50 g **provolone** of **fontina**, in dunne plakken
- 50 g **Parmezaanse kaas** of pecorino, versgeraspt

klassiekers 47

Basistomatensaus

1 kg verse rijpe **pruimtomaten**, in vieren, of 1 kg tomaten uit blik, uitgelekt en grof gehakt

1 **ui**, fijngehakt

2 **teentjes knoflook**

4 **basilicumblaadjes**, gekneusd

1,25 dl **olijfolie**

VOOR

TIJD

PORTIES

Dit is de perfecte tomatensaus voor op pizza's, voor in een eenvoudig pastagerecht of als basis voor andere sauzen. Saus die je niet gelijk gebruikt, kun je afdekken en tot een week in de koelkast gebruiken.

1 Doe de tomaten in een grote pan met de ui en knoflook. Dek de pan af, breng de tomaten aan de kook, zet het vuur laag en kook ze 25 minuten zacht.

2 Haal het deksel van de pan en laat de saus nog 15-30 minuten sudderen om overtollig vocht te laten verdampen en de saus in te laten dikken.

3 Pureer de saus in een blender, zeef hem en verwijder eventuele pitjes en velletjes. Roer het basilicum en de olie erdoor.

Rijke tomatensaus

Om de smaken van deze saus echt tot ontwikkeling te laten komen kun je het best rode, langzaam in de zon gerijpte pruimtomaten nemen. Als je ze bereidt met een snufje suiker geven ze de algehele smaak een diepe zoetheid.

1 Verhit de olie in een grote pan. Voeg de ui, knoflook, champignons en wortels toe en bak ze 5 minuten op laag vuur, tot ze zacht zijn.

2 Voeg de tomaten, tomatenpuree en suiker toe en roer goed. Breng de saus aan de kook, zet het vuur laag, dek de pan af en laat de saus 20 minuten sudderen. Roer af en toe. Breng op smaak met zout en peper.

3 Roer de room door de saus, garneer met oregano en serveer met geraspte Parmezaanse kaas.

VOOR 20

TIJD 30

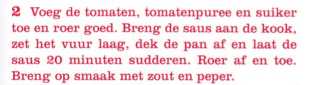
4 PORTIES

zoet

- 1 el **olijfolie**
- 1 **ui**, fijngehakt
- 2 **teentjes knoflook**, geperst
- 125 g **champignons**, fijngehakt
- 2 **wortels**, fijngehakt
- 750 g rijpe **pruimtomaten**, ontveld (zie blz. 16) en gehakt
- 2 el **tomatenpuree**
- ¼ tl **basterdsuiker**
- 4 el **room**
- **zout** en **peper**
- 1 el **oreganoblaadjes**, ter garnering
- versgeraspte **Parmezaanse kaas**, voor erbij

klassiekers 49

Romige tomaten-speksaus

2 **teentjes knoflook**, geperst

800 g gehakte **tomaten** uit blik

4 el **olijfolie**

1 tl gedroogde **oregano**

1 tl **basterdsuiker**

8 plakken **gerookt rugspek**, fijngehakt

75 g **mascarpone** of 75 ml **crème fraîche**

zout en **peper**

VOOR 5

TIJD 15

PORTIES 4

simpel

Dit is een goede basispastasaus die voor vegetariërs ook zonder spek gemaakt kan worden. Maak meerdere porties (laat de mascarpone of crème fraîche dan weg) en vries ze in voor later gebruik.

1 Doe de knoflook, tomaten, olie, oregano en suiker in een pan, breng ze aan de kook, zet het vuur laag, dek de pan af en laat 10 minuten sudderen.

2 Voeg het spek toe en laat alles zonder deksel nog 5 minuten sudderen. Breng op smaak met zout en peper.

3 Roer de mascarpone of crème fraîche erdoor, verhit de saus goed en breng op smaak indien nodig.

Chilisaus

15 VOOR

Pasta met chilisaus is een echte Italiaanse klassieker. Dit recept is niet al te pittig en als je eenmaal gewend bent aan de intense smaak van Spaanse pepers, zul je die heerlijk vinden. Verwijder voor een wat mildere smaak de zaadjes van de pepers.

45 TIJD

1 Verhit de olie in een pan en bak de ui, knoflook en het spek tot ze licht verkleurd zijn.

2 Voeg de Spaanse pepers, tomaten en 25 gram van de kaas toe. Laat alles op laag vuur 30-40 minuten pruttelen, tot de saus is ingedikt. Breng op smaak met zout en peper.

3 Bestrooi het gerecht met geschaafde pecorino of Parmezaanse kaas en serveer meteen.

4 PORTIES

heet

1-2 el **olijfolie**

1 grote **ui**, fijngehakt

2 **teentjes knoflook**, geperst

125 g **doorregen spek** zonder zwoerd, gehakt

1-2 verse **rode** of **groene Spaanse pepers**, gehakt

400 g gehakte **tomaten** uit blik

50-75 g **pecorino** of **Parmezaanse kaas**, geschaafd

zout en **peper**

klassiekers 51

Pittige worstensaus

2 tl **kardemompeulen**

1 tl **komijnzaad**

1 tl **venkelzaad**

2 el **olijfolie**

1 **rode ui**, in dunne ringen

500 g **worstjes**, ontveld

50 g **pijnboompitten**

3 el gehakte **kruiden**, zoals peterselie, venkel en verse koriander

150 g **groene kool**, zeer dun gesneden

3 dl **room**

zout en **peper**

VOOR 10

TIJD 20

PORTIES 4

pittig

Deze troostrijke saus zit boordevol specerijen en verandert zelfs de saaiste worsten in een heerlijke aanvulling. Gebruik als het even kan worsten die op smaak zijn gebracht met appel, prei of milde specerijen.

1 Kneus de kardemompeulen in een vijzel om bij de zaden te komen. Gooi de peulen weg en doe de zaden bij het komijn- en venkelzaad. Vermaal ze licht in de vijzel.

2 Verhit de olie in een grote koekenpan met dikke bodem en bak de ui er 3 minuten in. Voeg de worstjes toe en bak ze zacht. Trek ze tijdens het bakken wat uit elkaar met een houten lepel. Bak ze 6-8 minuten, tot ze gaar zijn.

3 Voeg de pijnboompitten en het zadenmengsel toe en bak ze onder regelmatig roeren 3-5 minuten mee. Voeg de kruiden en kool toe en bak ze 2 minuten.

4 Schenk de room erbij en warm de saus 2 minuten door. Breng op smaak met zout en peper.

Calabrische saus

In Calabrië wordt dit gerecht geserveerd met geraspte ricotta die is gerijpt en daardoor geen verse wrongelkaas meer is. Pecorino is een prima vervanger.

15 VOOR

35 TIJD

4 PORTIES

pittig

600 g **tomaten** uit blik

½ el **olijfolie**

2 **teentjes knoflook**, elk in 3-4 stukken

1 **Spaanse peper**, zonder zaad en zaadlijsten

125 g **salami**, in dikke plakken

zout

75 g **pecorino**, geschaafd, voor erbij

1 Prak de tomaten of pureer ze kort in een keukenmachine.

2 Verhit de olie in een pan met dikke bodem, voeg de knoflook en Spaanse peper toe en bak ze tot de knoflook goudbruin is. Plet de Spaanse peper tegen de bodem van de pan om de smaken te doen vrijkomen.

3 Voeg de tomaten en plakken salami toe en breng op smaak met zout. Breng alles aan de kook, zet het vuur laag en laat de saus 30 minuten zachtjes sudderen, tot hij wat is ingekookt en donkerder van kleur is. Strooi er geschaafde pecorino over en serveer.

vlees

Spek-saliesaus met borlottibonen

3 el **olijfolie**

75 g **gerookt spek**, zonder zwoerd en in blokjes

1 **ui**, fijngehakt

5 **salieblaadjes**, plus extra ter garnering (naar keuze)

250 g **borlottibonen** uit blik, afgespoeld en uitgelekt

2 el **kippenbouillon** (zie blz. 19)

¼ tl **bloem**

1 el **tomatenpuree**

2 el **rode wijn**

zout en **peper**

VOOR ERBIJ:

2 el versgeraspte **Parmezaanse kaas**

1 el verse geraspte **pecorino**

10 VOOR

10 TIJD

4 PORTIES

kruidig

Salie wordt veel gebruikt in de Italiaanse keuken en heeft een opvallende, sterke smaak. Salie gaat heel goed samen met de bonen, tomaten, knoflook en olijfolie in dit recept.

1 Verhit de olie in een grote pan met dikke bodem. Doe het spek, de ui en de salieblaadjes erin en bak ze op matig vuur goudbruin. Voeg de borlottibonen toe.

2 Verhit de bouillon. Meng de bloem en tomatenpuree in een kommetje en roer de hete bouillon en de wijn erdoor. Schenk het mengsel bij het bonenmengsel, roer met een houten lepel en laat de saus op laag vuur indikken.

3 Verwijder de salieblaadjes en voeg zout en peper naar smaak toe. Garneer eventueel met blaadjes salie, strooi er geraspte Parmezaanse kaas en pecorino over en serveer.

Rijke bolognesesaus

Wat is er traditioneler dan spaghetti bolognese met een rijke vleessaus en een berg versgekookte spaghetti? Nou, tagliatelle bolognese, want dit gerecht wordt in Italië traditioneel met tagliatelle geserveerd.

1 Verhit de olie en boter in een grote pan en voeg de ui, wortel, bleekselderij, champignons en knoflook toe. Bak ze zacht tot ze lichtbruin zijn. Voeg de ham en het gehakt toe en bak het geheel tot het gehakt bruin is.

2 Roer de wijn en peterselie erdoor en laat de saus sudderen tot de wijn wat is ingekookt. Meng de bloem met wat van de bouillon, voeg het mengsel toe aan de saus en roer tot de saus indikt. Laat hem rustig 10-15 minuten sudderen; roer regelmatig.

3 Voeg de tomatenpuree en wat meer bouillon toe. Laat de saus 1,5 uur sudderen met het deksel op de pan. Roer in die tijd geleidelijk de rest van de bouillon erdoor. Breng op smaak met zout en peper.

4 Roer de slagroom erdoor en laat de saus zonder deksel inkoken. Garneer met de extra peterselie en serveer met geraspte Parmezaanse kaas.

20 VOOR

120 TIJD

4 PORTIES

klassiek

3 el **olijfolie**

25 g **boter**

½ kleine **ui**, fijngehakt

12 kleine **worteltjes**, fijngehakt

1 kleine stengel **bleekselderij**, in blokjes

25 g **champignons**, in blokjes

1 **teentje knoflook**, fijngehakt

50 g **ham** of **mager spek**, in blokjes

375 g mager **rundergehakt**

1,25 dl droge **rode wijn**

2 el fijngehakte **peterselie**, plus extra ter garnering

2 tl **bloem**

3 dl **runderbouillon** (zie blz. 20)

4 el **tomatenpuree**

1,5 dl **slagroom**

zout en **peper**

versgeraspte **Parmezaanse kaas**, voor erbij

vlees 57

Vierkruiden-prosciutto-saus

1 el **olijfolie**

2 **lente-uitjes**, fijngehakt

2 el gehakte **peterselie**

2 el gehakt **basilicum**

2 el gehakte **tijm**, plus 1 el ter garnering

2 el gehakte **koriander**, plus 1 el ter garnering

4 plakken **prosciutto**, gehakt

3 dl **slagroom** of **crème fraîche**

zout en **peper**

10 VOOR

3 TIJD

4 PORTIES

snel

Prosciutto is een zeer gewaardeerde, smaakvolle, aan de lucht gedroogde Italiaanse ham die meestal in heel dunne plakken wordt geserveerd. De bekendste prosciutto komt uit Parma en heet ook wel parmaham.

1 Verhit de olijfolie in een pan. Voeg de lente-uitjes toe en bak alles 1 minuut.

2 Roer de kruiden, prosciutto en room erdoor. Breng het geheel aan de kook, zet het vuur laag en laat de saus 3 minuten sudderen. Breng op smaak met zout en peper. Garneer met de koriander en tijm.

Pittige tomaten-pepperonisaus

Terwijl de saus staat te pruttelen verandert de sterke, rokerige pepperoni de van zichzelf wat vlakke tomatensaus in iets heel bijzonders.

1 Verhit de olie in een grote koekenpan en voeg de knoflook, het chilipoeder en de koriander toe. Bak ze op matig vuur al roerend 1 minuut.

2 Roer de pepperoni of salami, tomaten met hun sap, passata en rode wijn erdoor. Breng alles aan de kook, zet het vuur laag en laat de saus zonder deksel 10 minuten sudderen. Breng op smaak met zout en peper, roer het basilicum erdoor en strooi de tijm erover.

10 VOOR

15 TIJD

4 PORTIES

pittig

2 el **olijfolie**

3 **teentjes knoflook**, geperst

1 tl mild **chilipoeder**

1 tl **gemalen koriander**

125 g **pepperoni** of **salami**, in plakken

400 g gehakte **tomaten** uit blik

6 el **passata** (gezeefde tomaten)

4 el **rode wijn**

1 el **basilicumblaadjes**

zout en **peper**

takjes **tijm**, ter garnering

vlees 59

Tomaten-pancettasaus

75 ml **olijfolie**

1 grote **ui**, fijngehakt

1 **teentje knoflook**, fijngehakt

1 kg rijpe **tomaten**, ontveld (zie blz. 16) en grof gehakt

2 el gehakte **oregano**

75 g **pancetta**, gehakt

zout en **peper**

15 VOOR

25 TIJD

4 PORTIES

vers

Een verse tomatensaus maken is alleen de moeite waard als je echt lekkere, smaakvolle tomaten kunt krijgen. Helemaal handig is een hele hoop zelfgekweekte tomaten, zodat je grote hoeveelheden saus voor in de diepvries kunt maken.

1 Verhit de olie in een grote pan met dikke bodem en voeg de ui en knoflook toe. Bak ze op laag vuur tot de ui zacht is; roer regelmatig. Voeg de tomaten, oregano en wat zout en peper toe.

2 Laat de tomatensaus bubbelen, zet het vuur laag, dek de pan af en laat de saus 15 minuten sudderen, tot hij flink is ingedikt. Trek de tomaten tijdens het sudderen regelmatig uit elkaar.

3 Bak intussen de pancetta in een kleine droge pan knapperig. Voeg hem toe aan de saus en breng op smaak.

Spek-champignon-tomatensaus

Als je eerst de tomatensaus langzaam bereidt en pas dan het spek en de champignons toevoegt, blijven deze herkenbaar in de saus in plaats van erin op te gaan.

15 VOOR

35 TIJD

4 PORTIES

lekker

50 g **boter**

175 g mager **spek**, in blokjes

375 g **champignons**, in plakjes

2 **teentjes knoflook**, in plakjes

½ **Spaanse peper**

500 g **tomaten**, ontveld (zie blz. 16) en gehakt

handvol **basilicumblaadjes**, gescheurd

zout

125 g **Parmezaanse kaas** of **pecorino**, versgeraspt, voor erbij

1 Smelt de boter in een koekenpan. Voeg het spek toe en bak het zachtjes bruin. Haal het uit de pan met een schuimspaan en laat het uitlekken op keukenpapier.

2 Bak de champignons in de boter die nog in de pan zit. Haal ze met een schuimspaan uit de pan en zet ze weg.

3 Bak de knoflook en Spaanse peper in dezelfde koekenpan. Verwijder de knoflook en peper als de knoflook bruin is en gooi ze weg.

4 Doe de tomaten in de pan met het basilicum. Breng ze aan de kook, zet het vuur laag en laat de saus 20 minuten sudderen. Breng op smaak met zout.

5 Roer het spek en de champignons erdoor en laat de saus nog een paar minuten zacht sudderen. Serveer met geraspte Parmezaanse kaas of pecorino.

Hete prosciutto-tomatensaus

4 el **olijfolie**

1 **ui**, fijngehakt

125 g **prosciutto**, in blokjes

2 **teentjes knoflook**, geperst

1 **Spaanse peper**, zonder zaad en fijngehakt

750 g **tomaten**, ontveld (zie blz. 16) en gehakt

zout en **peper**

75 g **pecorino**, versgeraspt, voor erbij

15 VOOR

20 TIJD

4-6 PORTIES

pittig

Deze opvallend eenvoudige saus heeft toch veel smaak dankzij de rokerige prosciutto en de pittige Spaanse peper.

1 Verhit de olie in en grote pan en bak de ui 3 minuten. Voeg de prosciutto toe en bak hem 2-3 minuten.

2 Voeg de knoflook, Spaanse peper en tomaten toe, breng ze aan de kook, zet het vuur laag en laat de saus 10 minuten sudderen en indikken. Breng op smaak met zout en peper en serveer met geraspte pecorino.

Spek-tuinbonen-saus

De felgroene tuinbonen zien er prachtig uit in deze roomsaus. Het spek geeft de saus extra smaak.

15 VOOR

15 TIJD

4 PORTIES

vul-lend

375 g kleine, gedopte **tuinbonen**

25 g **boter**

2 **sjalotjes**, fijngehakt

250 g **ongerookt doorregen spek**, zonder zwoerd en in blokjes

2 tl gehakte **tijm**

geraspte **schil van** ½ **citroen**

3 dl **slagroom**

peper

3 el gehakte **bladpeterselie**, ter garnering

versgeraspte **Parmezaanse kaas**, voor erbij

1 Dompel de tuinbonen 2 minuten onder in kokend water. Haal ze eruit en spoel ze af onder koud stromend water. Verwijder de buitenste taaie velletjes.

2 Smelt de boter in een grote pan en bak de sjalotjes en het spek 4-5 minuten zachtjes. Roer de tijm, citroenrasp, room en peper naar smaak erdoor.

3 Breng de saus aan de kook, zet het vuur laag en laat de saus 5 minuten sudderen. Roer de tuinbonen erdoor. Garneer met peterselie en serveer met geraspte Parmezaanse kaas.

Pepperoni-ui-balsamicosaus

5 el **olijfolie**

3 grote **uien**, in dunne ringen

250 g **pepperoni** of **salami**, in plakjes

3 dl **bouillon** naar keuze (zie blz. 18-21)

4 el gehakte **bladpeterselie**

1 el **balsamicoazijn**

zout en **peper**

VOOR 10

TIJD 50

PORTIES 4-6

zoet

Deze saus krijgt zijn zoete smaak door het karamelliseren van de uien. De balsamicoazijn zorgt vervolgens voor een perfecte tegenhanger.

1 Verhit de olie in een grote pan en bak de uien 40 minuten op laag vuur, tot ze heel zacht en iets gekaramelliseerd zijn.

2 Zet het vuur hoog, voeg de pepperoni toe en roerbak hem een paar minuten, tot hij goed heet is.

3 Schenk de bouillon erbij en breng deze aan de kook. Schraap aanbaksel van de bodem van de pan. Roer de bladpeterselie en azijn erdoor en breng op smaak met zout en peper.

Tuinbonen-prosciutto-muntsaus

Dit recept is een goed voorbeeld van hoe in veel Italiaanse recepten olijfolie meer wordt gebruikt als dressing dan als saus, die de pasta zo heerlijk bedekt.

1 Breng een pan gezouten water aan de kook en kook de tuinbonen 2-3 minuten.

2 Giet de tuinbonen snel af en schud ze om met een mengsel van de olie, citroenrasp, prosciutto, lente-uitjes en muntblaadjes. Strooi de mozzarella erover en serveer.

VOOR 8

TIJD 3

PORTIES 4

stijlvol

250 g gedopte jonge **tuinbonen**

4-6 el extra vergine **olijfolie**

geraspte **schil van** 1 **citroen**

175 g **prosciutto**, in reepjes

3-4 **lente-uitjes**, in dunne ringetjes

8-10 **muntblaadjes**, gescheurd

zout

125 g **buffelmozzarella**, in blokjes, voor erbij

vlees 65

Prosciutto-porcinisaus

2 el **olijfolie**

1 **teentje knoflook**, gekneusd en gehakt

250 g **porcini**, in plakjes

250 g **prosciutto**, in reepjes

1,5 dl **slagroom**

handvol **bladpeterselie**, gehakt

zout en **peper**

75 g **Parmezaanse kaas**, versgeraspt, voor erbij

10 VOOR

8 TIJD

4 PORTIES

snel

Voor dit recept kun je zowel gedroogde als verse porcini gebruiken. Als je gedroogde gebruikt, neem dan 125 gram en week ze eerst 15 minuten in heet water om ze zacht te laten worden.

1 Verhit de olijfolie in een pan, voeg de knoflook en porcini toe en bak ze 4 minuten op matig vuur.

2 Voeg de prosciutto, slagroom en peterselie toe en breng op smaak met zout en peper. Laat de saus 1 minuut sudderen. Serveer met geraspte Parmezaanse kaas.

Aardperen-speksaus

De smaak van deze aardperen lijkt vagelijk op die van artisjokharten en ze zijn net zo lekker in een pastasaus.

1 Kook de aardperen in 8-10 minuten in kokend water net gaar. Schil ze indien nodig en snijd ze in dunne plakken.

2 Smelt de helft van de boter in een pan en bak het spek erin tot het begint te verkleuren. Voeg de ui, bleekselderij en cayennepeper toe en bak nog 5 minuten.

3 Roer de bouillon en aardperen erdoor en breng aan de kook. Dek de pan af, zet het vuur laag en laat de saus 5 minuten zachtjes sudderen. Roer de room en het bieslook erdoor en breng op smaak met zout en peper.

15 VOOR

25 TIJD

4 PORTIES

rustiek

400 g **aardperen**, geschild indien redelijk glad, anders ongeschild

25 g **boter**

150 g **doorregen spek**, gehakt

1 **ui**, fijngehakt

1 stengel **bleekselderij**, gehakt

¼ tl **cayennepeper**

1,5 dl **kippenbouillon** of **groentebouillon** (zie blz. 19 en 21)

3 el **slagroom**

3 el gehakt **bieslook**

zout en **peper**

vlees **67**

Pompoen-spek-olijven-saus

12 VOOR

45 TIJD

4 PORTIES

pittig

Combineer deze eenvoudig klaar te maken ingrediënten met penne en je hebt een heerlijk winters maal. De saus krijgt een zoetige smaak van de met knoflook doordrongen pompoen.

1 kg **boterpompoen**, geschild en in stukken van 2,5 cm

4-5 **teentjes knoflook**

4 el **olijfolie**

½ tl gekneusde **chilivlokken**

2 el **pijnboompitten**

150 g **gerookt spek**, in blokjes

50 g **gemengde**, **gevulde**, **pittig gemarineerde olijven**, grof gehakt

1 **geroosterde paprika**, in repen (naar keuze)

2 dl **crème fraîche**

zout en **peper**

gefrituurde **salieblaadjes**, voor erbij

versgeraspte **Parmezaanse kaas**, voor erbij

1 Schep de pompoen om met de teentjes knoflook en 3 eetlepels van de olijfolie. Voeg de chilivlokken toe en breng op smaak met zout en peper. Doe het geheel in een grote braadslede en bak het circa 45 minuten in een op 190 °C voorverwarmde oven, tot de pompoen zacht en goudbruin is.

2 Verhit intussen de rest van de olie in een koekenpan en bak de pijnboompitten op laag vuur tot ze goudbruin zijn. Schud de pan regelmatig. Laat ze uitlekken op keukenpapier. Doe het spek in de pan en bak het zachtjes goudbruin en krokant. Voeg de olijven en paprika toe, als je die gebruikt, en warm het geheel 2-3 minuten door.

3 Schep de gare pompoen om met de pijnboompitten, het spek, de olijven en eventueel paprika en roer de crème fraîche erdoor. Garneer met gefrituurde salieblaadjes en serveer met geraspte Parmezaanse kaas.

Spek-knoflook-venkelsaus

Venkel is met zijn anijsachtige smaak erg aanwezig in een gerecht. In deze combinatie met spek, knoflook en verse roomkaas geeft hij een saus met een geweldige smaak.

1 Gril het spek krokant. Laat het uitlekken op keukenpapier en zet het weg.

2 Verhit de olie in een koekenpan, voeg de venkel en knoflook toe, dek af en bak ze 5 minuten op laag vuur tot de venkel net gaar is.

3 Voeg de Parmezaanse kaas, roomkaas en peterselie toe en breng op smaak met zout en peper. Breng de saus aan de kook, zet het vuur laag en laat 1-2 minuten op laag vuur sudderen.

4 Hak het spek in stukjes en strooi ze over de saus. Garneer met venkelblad.

15 VOOR

12 TIJD

4-6 PORTIES

lekker

6 plakken **ongerookt doorregen spek**, zonder zwoerd

2 el **olijfolie**

2 **venkelknollen**, fijngehakt

2 **teentjes knoflook**, fijngehakt

4 el versgeraspte **Parmezaanse kaas**

3 dl **verse roomkaas**

3 el fijngehakte **peterselie**

venkelblad, ter garnering

vlees **69**

Pancetta-selderijsaus

15 VOOR

20 TIJD

Bleekselderij geeft elk gerecht een subtiele smaak en gaat hier geweldig goed samen met de pancetta.

- 50 g **boter**
- 250 g **pancetta**, in plakjes
- 1 **wortel**, in blokjes
- 4 stengels **bleekselderij**, in blokjes
- 1 **teentje knoflook**, fijngehakt
- 3 el **tomatenpuree**
- 2,5 dl **kippenbouillon** (zie blz. 19)
- **zout** en **peper**
- versgeraspte **Parmezaanse kaas**, voor erbij

4 PORTIES

subtiel

1 Smelt de boter in een pan. Voeg de pancetta, wortel, bleekselderij en knoflook toe en bak ze 5 minuten zachtjes.

2 Roer de tomatenpuree en bouillon erdoor, breng het geheel aan de kook en laat het 15 minuten sudderen. Breng op smaak met zout en peper en serveer met Parmezaanse kaas.

Pancetta-bonen-knoflooksaus

Flageoletbonen zijn kleine peulvruchten waarmee je extra smaak en eiwitten aan een gerecht kunt geven zonder dat deze overheersen. In combinatie met pancetta of spek maken ze echt een topper van deze romige saus.

1 Verhit de olie in een koekenpan en bak de pancetta tot hij licht gebruind is. Voeg de knoflook en chilivlokken toe en bak ze tot de knoflook licht goudbruin van kleur is.

2 Roer de bonen en room er voorzichtig door. Breng aan de kook, zet het vuur laag en laat de saus een paar minuten sudderen, tot hij goed doorgewarmd is. Breng op smaak met zout en peper en garneer met koriander.

5 VOOR

8 TIJD

4 PORTIES

hartig

2 el **olijfolie**

275 g **pancetta** of **gerookt doorregen spek**, zonder zwoerd en in blokjes

2 **teentjes knoflook**, fijngehakt

½ tl **gedroogde chilivlokken**

400 g **flageoletbonen** uit blik, afgespoeld en uitgelekt

3 dl **slagroom**

zout en **peper**

2 el gehakte verse **koriander**, ter garnering

Arrabiatasaus met knoflookkruimels

3 el **olijfolie**

2 **sjalotjes**, fijngehakt

8 plakken **ongerookte pancetta**, gehakt

2 tl gekneusde **gedroogde chilivlokken**

500 g gehakte **tomaten** uit blik

zout en **peper**

takjes **peterselie**, ter garnering

MOLLICA:

6 sneden **witbrood**, zonder korst

125 g **boter**

2 **teentjes knoflook**, fijngehakt

5 VOOR

30 TIJD

4 PORTIES

pittig

Dit is een hete, pittige saus waaraan knapperig, goudbruin gebakken broodkruim is toegevoegd, *mollica* genoemd op Sicilië, of, om precies te zijn, *mollica fritta*. Voor een eenvoudige maaltijd kun je het broodkruim zelfs alleen omscheppen met pasta.

1 Verhit de olie in een pan en bak de sjalotjes en pancetta in 6-8 minuten zachtjes goudbruin. Voeg de chilivlokken en gehakte tomaten toe. Breng het geheel aan de kook, dek de pan voor de helft af, zet het vuur laag en laat de saus 20 minuten sudderen, tot hij dik en ingekookt is. Breng op smaak met zout en peper.

2 Maak intussen de mollica. Doe het brood in een keukenmachine en verwerk het tot kruimels. Verhit de boter in een koekenpan, voeg de knoflook en het broodkruim toe en roerbak ze goudbruin en krokant (laat de kruimels niet verbranden, want daarmee verpest je het gerecht).

3 Bestrooi de tomatensaus met het knoflookkruim en garneer met peterselie.

Worst-mosterd-roomsaus

Als je echt een bord troostvoedsel nodig hebt, ga dan voor dit vullende pastagerecht. Het is hartig en stevig; een perfect wintermaal of lunch voor in het weekend. Kies worstjes van goede kwaliteit vol kruiden en een hoog vleesgehalte.

1 Verhit de olie in een koekenpan en bak het worstenvlees 3 minuten, tot het licht goudbruin is. Trek het uit elkaar met een houten lepel. Voeg de knoflook toe en bak nog 1 minuut.

2 Schenk de wijn erbij en laat hem flink bubbelen. Schraap eventueel aanbaksel los van de bodem van de koekenpan. Laat de saus 3 minuten sudderen, tot de wijn bijna is verdampt. Roer dan de mosterd en crème fraîche erdoor.

3 Breng de saus op smaak met nootmuskaat en zout en peper. Garneer met kruiden en serveer met Parmezaanse kaas.

10 VOOR

10 TIJD

4 PORTIES

hartig

1 el **olijfolie**

500 g kruidige **varkensworstjes**, zonder vel

2 **teentjes knoflook**, in plakjes

1,5 dl **witte wijn**

1 el **grove mosterd**

200 g **crème fraîche**

snufje gemalen **nootmuskaat**

zout en **peper**

handvol **oreganoblaadjes** of gehakte **bladpeterselie**, ter garnering

versgeraspte **Parmezaanse kaas**, voor erbij

Worst- kastanje- walnotensaus

25 g **boter**

400 g **worst van wild**, ontveld

1 grote **ui**, fijngehakt

1 tl gehakte **rozemarijn**

2 dl **rode wijn**

200 g gekookte **kastanjes**, gehakt

4 **ingemaakte walnoten**, gehakt, plus 3 el azijn uit de pot

4 el gehakte **bladpeterselie**

zout en **peper**

15 VOOR

25 TIJD

4 PORTIES

feest

Hert, wild zwijn of worstjes van ander wild vlees zijn ideaal voor dit gerecht, dat een verwarmende wintersaus vormt voor bij de pasta.

1 Smelt de boter in een grote pan. Voeg de ontvelde worstjes een voor een toe en prak ze met een vork in de pan tot kleine stukjes.

2 Voeg de ui toe en bak hem zachtjes. Roer voortdurend en breek daarbij het worstenvlees steeds in stukjes met de rand van een houten lepel. Bak alles 10 minuten zachtjes, tot het bruin is.

3 Roer de rozemarijn en wijn erdoor en verhit alles nog 5 minuten zachtjes.

4 Voeg de kastanjes, walnoten en azijn uit de pot toe. Verhit het geheel zachtjes 5 minuten, tot het goed doorgewarmd is. Roer de peterselie erdoor en breng op smaak met zout en peper.

Worst-tomatensaus

Deze rustieke, verwarmende saus is perfect wintervoedsel: vol smaak, vullend en troostrijk. Met een kom stomende versgekookte pasta zal hij hart en smaakpapillen verblijden.

1 Verhit de olie in een grote pan en bak de ui er zacht in. Voeg de knoflook toe en bak hem tot hij begint te verkleuren.

2 Voeg de worst toe en bak hem tot hij gelijkmatig bruin is. Doe dan de rest van de ingrediënten erbij en bak ze zachtjes zonder deksel op de pan 12-15 minuten. Breng op smaak met zout en peper.

15 VOOR

25 TIJD

4 PORTIES

rustiek

1 el **olijfolie**

1 grote **ui**, gehakt

2 **teentjes knoflook**, geperst

500 g **Italiaanse worst**, ontveld en grof gehakt

1 **rode paprika**, zonder zaad en zaadlijsten, in blokjes van 1 cm

750 g **tomaten**, ontveld (zie blz. 16) en gehakt

2 tl **gedroogde oregano**

2 el **tomatenpuree**

zout en **puree**

Worst-mascarpone-saus

25 g **boter**

250 g **Italiaanse worstjes**, ontveld en vlees verkruimeld

125 g **masacarpone**

2 **eidooiers**

1 **eiwit**

25 g **Parmezaanse kaas**, versgeraspt

¼ tl geraspte **nootmuskaat**

zout

15 VOOR

5 TIJD

4 PORTIES

rijk

Dit ongewone recept is een beetje een pastasausversie van een warm ontbijt. Serveer de saus met penne of een andere robuuste pastasoort.

1 Smelt de boter in een koekenpan, voeg de verkruimelde worstjes toe en bak ze 5 minuten op laag vuur, tot ze licht gebruind zijn.

2 Meng de mascarpone met de eidooiers en het eiwit en klop ze stevig met een houten lepel door elkaar. Voeg de Parmezaanse kaas, nootmuskaat en een snufje zout toe wanneer het mengsel zacht is.

3 Meng het worstenvlees en zijn sappen met het kaasmengsel.

Aubergine-tomaat-speksaus

Als je de aubergine apart bereidt en niet in de saus, blijft hij goudbruin en iets knapperig als je hem later door de saus roert.

VOOR 50

TIJD 35

4 PORTIES

simpel

1 grote **aubergine**, in blokjes

1,25-1,5 dl **olijfolie**, plus 1 el

1 **ui**, gehakt

2 **teentjes knoflook**, geperst

2 plakjes **doorregen spek**, zonder zwoerd en gehakt

400 g gehakte **tomaten** uit blik

zout en **peper**

basilicumtakjes en **-blaadjes**, ter garnering

1 Doe de aubergineblokjes in een vergiet en bestrooi ze met zout. Laat ze minstens 30 minuten zo staan om eventuele bittere sappen eraan te onttrekken. Spoel ze goed af, laat ze uitlekken en laat ze drogen op keukenpapier.

2 Verhit 1 eetlepel olie in een koekenpan, voeg de ui, knoflook en het spek toe en bak ze zacht. Voeg de tomaten toe, breng op smaak, breng aan de kook, zet het vuur laag en laat de saus 25-30 minuten sudderen, tot hij is ingedikt. (Als je een gladde saus wilt, haal hem dan even door een zeef om de pitjes te verwijderen.)

3 Verhit intussen de helft van de resterende olie in een koekenpan en bak een deel van de aubergine er goudbruin in. Herhaal dit, eventueel met meer olie indien nodig, tot alle aubergine gebakken is.

4 Roer de aubergine door de tomatensaus en garneer met basilicum.

vlees

Ham-erwten-champignon-saus

50 g **boter**

250 g **champignons**, in dunne plakjes

100 g **doperwten** uit de diepvries

3 dl **room**

125 g magere gekookte **ham**, in luciferdunne reepjes

125 g **Parmezaanse kaas**, versgeraspt

zout en **peper**

VOOR

TIJD

PORTIES

Als er verse doperwten zijn, koop deze dan en dop ze zelf. Hoewel de smaak van diepvries-erwten wel heel erg in de buurt komt bij die van verse erwten, gaat er niets boven verse!

1 Smelt de helft van de boter en bak er de champignons zacht in. Breng ze op smaak.

2 Kook intussen de erwten in gezouten kokend water gaar. Giet ze af.

3 Doe de rest van de boter en de room in een pan en verhit ze zacht maar laat het mengsel niet koken. Voeg de champignons met hun vocht, de erwten en de ham toe. Voeg een derde van de Parmezaanse kaas toe en verhit alles. Serveer de rest van de kaas erbij.

Spek-venkel-saus

Dit is een eenvoudige combinatie, maar door de opvallende smaken staat deze saus als een huis. Het contrast van de romige saus met het krokante spek is een echte smaaksensatie.

1 Gril het spek tot het krokant is. Laat het uitlekken op keukenpapier, hak het en zet het weg.

2 Verhit de olie in een pan en voeg de venkel en knoflook toe. Dek de pan af en bak de inhoud 5 minuten op laag vuur tot de venkel net gaar is.

3 Voeg de Parmezaanse kaas, verse roomkaas en peterselie toe en breng op smaak met zout en peper. Breng de saus aan de kook, zet het vuur laag en laat de saus 1-2 minuten sudderen. Garneer met het venkelblad en bestrooi met gehakt spek.

10 VOOR

10 TIJD

4 PORTIES

simpel

6 plakken **ongerookt doorregen spek**, zonder zwoerd

2 el **olijfolie**

2 **venkelknollen**, gehakt

2 **teentjes knoflook**, fijngehakt

4 el versgeraspte **Parmezaanse kaas**

3 dl **verse roomkaas**

3 el fijngehakte **peterselie**

zout en **peper**

venkelblad, ter garnering

Kip-dragonsaus

3 **kippenbouten**

3 **wortels**, grof gehakt

1 grote **ui**, grof gehakt

2 stengels **bleekselderij**, grof gehakt

2 **laurierblaadjes**

2 dl **crème fraîche**

3 el grof gehakte **dragon**

zout en **peper**

VOOR 10

TIJD 70

4 PORTIES

vlezig

Hoewel deze saus vrij dun is, zit hij vol vleessmaak. Schep hem om met fusilli, daar blijven de heerlijke sappen prima in hangen.

1 Halveer de kippenbouten bij de gewrichten om dijen en drumsticks van elkaar te scheiden en doe ze in een grote pan. Verdeel de wortels, ui, bleekselderij en laurierblaadjes erover en zet het geheel net onder water. Verhit tot net tegen het kookpunt, zet het vuur op de laagste stand en laat de kip in circa 50 minuten zonder deksel heel gaar sudderen.

2 Haal de kip uit de pan. Zeef de bouillon en gooi de groenten en laurier weg. Doe de bouillon terug in de pan. Breng hem aan de kook en laat hem flink koken, tot hij tot een soeplepel vol is ingekookt. Dit duurt 15-20 minuten.

3 Hak de kip als deze iets is afgekoeld los van het bot. Hak het vlees in stukjes en gooi de botten en het vel weg.

4 Roer de kip, crème fraîche, dragon en wat zout en peper door de ingekookte bouillon en warm de saus goed door voor het serveren.

Kip-rozemarijn-saus

Kip en rozemarijn zijn een klassieke smakencombinatie. Rozemarijn wordt gebruikt in veel pastasauzen en is heel makkelijk zelf te kweken, ook als je maar weinig ruimte hebt: een bloembak is al voldoende.

1 Smelt de boter in een grote pan. Voeg de ui toe en bak hem 5 minuten zachtjes. Voeg de champignons en knoflook toe en roerbak ze op hoog vuur tot het vocht uit de champignons vrijkomt. Haal de paddenstoelen uit de pan en zet ze weg.

2 Doe de bloem bij de sappen in de pan en bak hem al roerend 1 minuut.

3 Meng de kippenbouillon er geleidelijk door en breng het geheel al roerend aan de kook. Zet het vuur laag en laat de saus 3 minuten sudderen. Voeg de kip, sherry en rozemarijn toe en breng op smaak met zout en peper. Dek de pan af en laat de inhoud 15 minuten sudderen; roer af en toe.

4 Haal de saus van het vuur en roer de slagroom en champignons erdoor. Zet de saus weer op zo laag mogelijk vuur, verhit hem 1-2 minuten, garneer met rozemarijn en serveer.

15 VOOR

30 TIJD

4 PORTIES

klas-siek

50 g **boter**

1 kleine **ui**, fijngehakt

250 g **witte champignons**, in dunne plakjes

2 **teentjes knoflook**, geperst

1½ el **bloem**

2,5 dl **kippenbouillon** (zie blz. 19)

500-750 g **kipfilet**, schuin in dunne repen

4 el **medium dry sherry**

2 tl gehakte **rozemarijn**, plus extra ter garnering

1,5 dl **slagroom**

zout en **peper**

Kip-champignon-saus

30 VOOR

25 TIJD

4 PORTIES

3 **kippenborsten** met vel en bot

1 kleine **ui**, in vieren

1 **wortel**, grof gehakt

1 **bouquet garni**

enkele **zwarte peperkorrels**

3 dl **water**

2 el **droge sherry** (naar keuze)

50 g **boter**

250 g **champignons**, in dunne plakjes

2 **teentjes knoflook**, geperst

1 tl gehakte **rozemarijn**, plus extra ter garnering

1½ el **bloem**

1,5 dl **slagroom**

zout en **peper**

Hoewel dit recept wat meer stappen heeft, is het de moeite waard. Het is belangrijk dat je de kip rustig pocheert met de andere ingrediënten, want dit geeft het eindresultaat zijn kenmerkende smaak.

1 Doe de kip in een pan met de ui, wortel, het bouquet garni en de peperkorrels. Schenk het water en eventueel de sherry erbij. Breng aan de kook, zet het vuur laag, dek de pan af en pocheer de kip 20 minuten, tot hij goed gaar is.

2 Smelt intussen de boter in een andere pan en bak de champignons, knoflook, rozemarijn er 5 minuten in met zout en peper. Haal de pan van het vuur en schep de champignons met een schuimspaan uit het botervocht in een kom.

3 Schep de kip uit de pan en zeef het kookvocht in een kom. Snijd de kip in repen.

4 Zet het champignonvocht weer op het vuur, strooi de bloem erover en verhit het mengsel al roerend 1-2 minuten. Voeg het kippenkookvocht beetje bij beetje toe en klop na elke toevoeging.

5 Breng al roerend aan de kook. Zet het vuur laag en voeg de kip, champignons, room en smaakmakers toe. Laat de saus 5 minuten al sudderend indikken; roer regelmatig. Garneer met rozemarijn.

Kip-tomaten-saus

Gebruik altijd een fatsoenlijke wijn voor het koken. Het is echt valse zuinigheid om een fles goedkoop bocht te nemen. Een stevige Italiaanse rode wijn is perfect voor dit smaakvolle gerecht.

1 Verhit de olie in een pan en bak de kipfilet er onder af en toe roeren in tot hij licht gebruind is. Voeg de ui, bleekselderij en wortels toe en bak alles 5 minuten, tot het zacht is.

2 Voeg de oregano, wijn en tomaten toe en breng op smaak met zout en peper. Breng de saus aan de kook, dek de pan af, zet het vuur laag en laat de saus 10 minuten sudderen. Garneer met oregano en serveer met geschaafde Parmezaanse kaas.

5
VOOR

20
TIJD

4-6
PORTIES

rijk

2 el **olijfolie**

250 g **kipfilet**, in blokjes

1 grote **ui**, fijngehakt

3 stengels **bleekselderij**, in blokjes

2 **wortels**, in blokjes

2 tl **gedroogde oregano**

1,25 dl **rode wijn**

400 g gehakte **tomaten** uit blik

zout en **peper**

1 el **oreganoblaadjes**, ter garnering

geschaafde **Parmezaanse kaas**, voor erbij

Kippenlever-saus

375 g **kippenlevers**

2 el **olijfolie**

½ **ui**, fijngehakt

1 **teentje knoflook**, fijngehakt

1 el fijngehakte **peterselie**

1 el fijngehakte **majoraan**

175 g **champignons**, in plakjes

1,5 dl **rode wijn**

1,5 dl **kippenbouillon** (zie blz. 19)

zout en **peper**

VOOR 15

TIJD 25

PORTIES 4

hartig

In dit recept is kippenbouillon een van de hoofdingrediënten, dus is het het best om een goede, zelfgemaakte bouillon te gebruiken. Deze kun je van tevoren maken en tot gebruik in de diepvries bewaren. Serveer deze saus met tagliatelle, lasagnette of pappardelle.

1 Als je ontdooide kippenlevers uit de diepvries gebruikt, dep ze dan droog met keukenpapier. Snijd eventuele pezen weg en hak de levertjes in kleine stukken. Breng ze op smaak met zout en peper.

2 Verhit de olie in een grote pan en bak de ui en knoflook in 5 minuten zacht. Voeg de levers, kruiden en champignons toe en bak ze tot de levers licht gebruind zijn.

3 Doe de wijn en bouillon erbij en breng op smaak. Breng het geheel al roerend aan de kook, zet het vuur laag, dek de pan af en laat de saus 15 minuten sudderen.

Kippenlever-champignonsaus met marsala

Marsala en vruchtenazijn geven deze heerlijke saus een zoete toets, een goede tegenhanger voor de volle smaak van de kippenlevers. Serveer er verse spinazie- of champignontagliatelle bij voor een lichte lunch of avondmaaltijd.

1 Als je ontdooide kippenlevers uit de diepvries gebruikt, dep ze dan droog met keukenpapier. Snijd eventuele pezen weg en hak de levertjes in kleine stukken. Breng ze op smaak met zout en peper.

2 Smelt de helft van de boter met de olie in een grote koekenpan met zware bodem. Doe de levers en ui erin en bak ze al roerend snel, in 3 minuten, goudbruin. Haal ze met een schuimspaan uit de pan. Smelt de rest van de boter in de pan, voeg de champignons en knoflook toe en bak al roerend 2 minuten.

3 Doe de levers terug in de pan en voeg de marsala, azijn en smaakmakers toe. Dek de pan af en bak de levers 3-4 minuten; ze moeten in het midden nog iets roze zijn. Garneer met koriander.

10 VOOR

10 TIJD

2 PORTIES

zoet

250 g **kippenlevers**

25 g **boter**

1 el **olijfolie**

1 kleine **ui**, fijngehakt

200 g **kastanjechampignons**, fijngehakt

2 **teentjes knoflook**, in plakjes

4 el **marsala**

1 el **vruchtenazijn**

zout en **peper**

2 el gehakte verse **korianderblaadjes**, ter garnering

Wildsaus met paddenstoelen

200 g mager **varkensvlees**, grof gehakt

4 **duivenborsten**, grof gehakt

8 **jeneverbessen**

25 g **boter**

1 **ui**, gehakt

2 **teentjes knoflook**, geperst

2 **laurierblaadjes**

enkele takjes **tijm**

250 g gemengde **wilde paddenstoelen**, zoals cantharellen of eekhoorntjesbrood, in plakjes indien groot

1,5 dl **kippenbouillon** (zie blz. 19)

1 dl **slagroom**

2 el gehakte **peterselie**

zout en **peper**

VOOR 20

TIJD 20

PORTIES 4

vlezig

Pastasauzen lopen uiteen van verfijnd tot zeer rijk en vlezig. Deze saus hoort beslist bij de laatste: winters troostvoedsel dat heerlijk samengaat met seizoensingrediënten.

1 Hak het varkensvlees in een keukenmachine in heel kleine stukjes. Haal het uit de keukenmachine en doe de duivenborsten erin. Hak ook deze fijn.

2 Kneus de jeneverbessen in een vijzel. Smelt de boter in een grote koekenpan, voeg het varkensvlees, de duivenborsten en de ui toe en bak ze zachtjes tot ze licht goudbruin zijn. Roer regelmatig. Voeg de knoflook, laurierblaadjes, tijm en jeneverbessen toe en bak alles nog 5 minuten rustig.

3 Doe de paddenstoelen erbij en bak nog 5 minuten, tot het vocht van de paddenstoelen is verdampt.

4 Roer de bouillon en room erdoor en verhit tot de saus bubbelt. Laat hem 3 minuten koken, zodat hij goed heet is. Roer de peterselie erdoor en breng op smaak met zout en peper.

Paté-roomsaus

Je kunt elke keer dat je deze verrukkelijke saus maakt de smaak variëren door een andere patésoort te kiezen. Voor een speciale gelegenheid kun je bijvoorbeeld een blikje foie gras nemen. Voor visliefhebbers is zachte zalmpaté ook lekker.

1 Doe de paté in een zware pan met de knoflookpuree en de wijn of het water. Meng ze goed. Klop beetje bij beetje de room er helemaal door, op 4 eetlepels na. Roer de champignons erdoor.

2 Zet de pan op laag vuur en roer tot de saus goed heet is. Breng op smaak met zout en peper en garneer met rozemarijn.

VOOR 10

TIJD 3

4 PORTIES

chic

75 g fijne, gladde **leverpaté**, op kamertemperatuur

1-2 tl **knoflookpuree**, naar smaak

4 el droge **witte wijn** of **water**

1,5 dl **room**

300 g hele **champignons** uit blik, uitgelekt

zout en **peper**

takjes **rozemarijn**, ter garnering

vlees 87

Pittige gehaktballetjes saus

500 g mager **lamsgehakt**

1 grote **rode ui**, fijngehakt

2 el fijngehakte **oregano**

50 g **broodkruim**

3 el **olijfolie**

3 **teentjes knoflook**, geperst

500 g rijpe **tomaten**, ontveld en gehakt

1 tl **basterdsuiker**

1 tl **mild chilipoeder**

fijn geraspte **schil van** 1 **citroen**

zout en **peper**

25 VOOR

25 TIJD

4 PORTIES

pittig

Dit recept combineert grove, kruidige lamsgehaktballetjes met een pittige, smaakvolle tomatensaus. Het is belangrijk dat je rijpe tomaten met veel smaak gebruikt, maar buiten het seizoen kun je ook voor tomaten in blik kiezen.

1 Doe het lamsgehakt, de ui, oregano, het broodkruim en wat zout en peper in een kom en meng ze goed met je handen. Vorm balletjes ter grootte van 3 cm van het mengsel.

2 Verhit de olie in een grote koekenpan en bak de balletjes 8-10 minuten op laag vuur, tot ze aan alle kanten bruin zijn. Schud de pan regelmatig.

3 Haal de balletjes uit de koekenpan met een schuimspaan en zet ze weg. Doe dan de knoflook, tomaten, suiker, het chilipoeder en de citroenrasp in de pan. Verhit ze al roerend zacht, tot het mengsel bubbelt. Breng op smaak met zout en peper.

4 Doe de gehaktballetjes terug in de pan, dek de pan af en verhit de saus rustig tot de gehaktballetjes gaar zijn en de saus heet is.

Lam-preisaus met peperkorrels

Gebruik lamsvlees van goede kwaliteit voor deze rijke roomsaus, zodat het niet te waterig wordt als je het bakt. Serveer met veel pasta met spinaziesmaak.

10 VOOR

20 TIJD

4 PORTIES

vlezig

- 25 g **boter**
- 400 g mager **lamsgehakt**
- 2 **preien**, bijgesneden en gehakt
- 2 **teentjes knoflook**, geperst
- 2 tl **bloem**
- 1,5 dl **kippenbouillon** of groentebouillon (zie blz. 19 en 21)
- 2 el **groene peperkorrels in pekel**, afgespoeld en uitgelekt
- 1 dl **crème fraîche**
- royaal versgemalen **nootmuskaat**
- **zout**

1 Smelt de boter in een grote, ondiepe pan en bak het lamsgehakt er rustig in tot het licht gebruind is. Roer regelmatig en trek het vlees met een houten lepel los. Voeg de prei en knoflook toe en bak nog 5 minuten.

2 Roer de bloem erdoor en dan de bouillon en peperkorrels. Breng aan de kook, zet het vuur laag en laat sudderen. Dek de pan af en laat het lamsvlees in 10 minuten gaar sudderen.

3 Roer de crème fraîche, royaal nootmuskaat en wat zout naar smaak erdoor. Warm het geheel goed door voor het serveren.

Varkensvlees-rozemarijn-saus

3 el **olijfolie**

½ **ui**, fijngehakt

1 **wortel**, in kleine blokjes

2 stengels **bleekselderij**, in kleine blokjes

2 **teentjes knoflook**, fijngehakt

450 g **varkensfilet**, in blokjes van 1 cm

2 tl fijngehakte **rozemarijn**

fijn geraspte **schil van ½ citroen**

400 g gehakte **tomaten** uit blik

2,5 dl **kippenbouillon** (zie blz. 19)

zout en **peper**

2 el gehakte **bladpeterselie**, ter garnering

50 g **Parmezaanse kaas**, versgeraspt, voor erbij

20 VOOR

40 TIJD

4 PORTIES

hartig

Deze grove saus is perfect voor koude winteravonden. De citroenschil vormt een zurig contrast met het varkensvlees en de peterselie geeft een gerecht een frisse, pure toets. Serveer deze saus met conchiglie of gnocchi.

1 Verhit de olie in een pan en bak de ui er goudbruin in. Voeg de wortel, bleekselderij en knoflook toe en bak ze 5 minuten zachtjes.

2 Roer het varkensvlees, de rozemarijn en citroenrasp erdoor en bak tot het varkensvlees licht gebruind is. Breng op smaak.

3 Voeg de tomaten en bouillon toe. Breng aan de kook, zet het vuur laag en laat de saus 30 minuten sudderen. Garneer met peterselie en serveer met de geraspte Parmezaanse kaas.

Haassaus

Dit is een echt rijke wintersaus, oorspronkelijk uit Toscane. Serveer er pappardelle bij. Gebruik voor een lichtere versie konijn in plaats van haas en maak de saus wat fijner en gladder.

30 VOOR

140 TIJD

4 PORTIES

rijk

1 **haas**, ontveld en in stukken

3 el **olijfolie**

50 g **boter**

1 **ui**, gesnipperd

1 **wortel**, in kleine blokjes

1 stengel **bleekselderij**, in kleine blokjes

2 **teentjes knoflook**, gehakt

75 g **ongerookte pancetta**, in blokjes

2 el **bloem**

3 dl droge **rode wijn**

ca. 6 dl **kippenbouillon** (zie blz. 19)

1 tl gehakte **rozemarijn**

1 el gehakte **salie**

2 **laurierblaadjes**

zout en **peper**

1 Snijd met een scherp mes alle vlees van de haas en snijd het in kleine stukjes.

2 Verhit de olie en boter in een koekenpan en voeg de ui, wortel, bleekselderij en knoflook toe. Roer goed en bak ze 10 minuten rustig, tot ze zacht zijn en bruin beginnen te worden.

3 Voeg de pancetta en haas toe, roer goed en bak alles een paar minuten tot het vlees bruin is. Roer de bloem erdoor en daarna de wijn en de helft van de bouillon. Meng goed en schraap aanbaksel van de bodem van de pan.

4 Voeg de rozemarijn, salie en laurierblaadjes toe en breng de saus aan de kook. Zet het vuur laag, dek de pan voor de helft af en laat de saus minstens 2 uur sudderen, tot het vlees heel zacht en de saus ingedikt is. Schenk er meer bouillon bij indien nodig. Breng op smaak met zout en peper en haal de laurierblaadjes er voor het serveren uit.

Konijn-rodewijnsaus

20 VOOR

90 TIJD

4 PORTIES

rijk

- 500 g **konijn**, in stukken
- 2 el **olijfolie**
- 1 **ui**, gehakt
- 1 stengel **bleekselderij**, gehakt
- 1 **wortel**, in blokjes
- 125 g **pancetta** of **spek**, in blokjes
- 2 **teentjes knoflook**, gekneusd
- 1 el **bloem**
- 1 el **tomatenpuree**
- 1,5 dl **rode wijn**
- 1,5 dl **kippenbouillon** (zie blz. 19)
- 400 g gehakte **tomaten** uit blik
- 1 el gehakte **peterselie**
- ½ tl **gedroogde oregano**
- snufje **nootmuskaat**
- **zout** en **peper**
- 50 g **Parmezaanse kaas**, versgeraspt, voor erbij

Konijn is vrij makkelijk te verkrijgen in de supermarkt of bij de slager. Als je toch geen konijn kunt vinden of er niet van houdt, kun je ook kip zonder vel gebruiken. Serveer de saus met tagliatelle of pappardelle.

1 Snijd alle vlees van de botten en hak het vlees redelijk fijn. Verhit de olie in een pan en bak de ui, bleekselderij, wortel en pancetta of het spek 6-7 minuten.

2 Voeg het vlees, de knoflook, bloem en tomatenpuree toe. Bak alles 15 minuten zachtjes en doe dan de wijn erbij. Breng aan de kook, zet het vuur laag en laat het geheel een paar minuten sudderen. Voeg dan de bouillon, tomaten, kruiden en nootmuskaat toe. Laat de saus 1 uur sudderen, tot het vlees gaar is en het mengsel redelijk dik is. Breng op smaak met zout en peper en serveer met Parmezaanse kaas.

Volle konijnsaus

Als je wilt kun je het konijn ook vervangen door 4 stukken kip. Door de lange bereidingstijd wordt het vlees heerlijk mals en neemt het alle smaken van de saus op. Serveer er conchiglie bij.

1 Verhit de olie in een grote pan. Voeg de ui, wortel en bleekselderij toe en bak ze in 2-3 minuten zacht. Voeg het konijn of de kip toe en bak het vlees aan alle kanten bruin in 2-3 minuten. Roer dan het vijfkruidenpoeder en de bloem erdoor.

2 Doe de sinaasappelrasp, rozemarijn en majoraan erbij en roer beetje bij beetje de wijn en bouillon erdoor. Breng het mengsel aan de kook, zet het vuur laag laat het geheel 2 uur sudderen, tot het konijn of de kip gaar is. Verwijder voorzichtig alle botten en doe het vlees terug in de pan. Voeg de crème fraîche toe en roer goed.

10 VOOR

130 TIJD

4 PORTIES

hartig

1 tl **olijfolie**

1 **ui**, gehakt

1 **wortel**, fijngehakt

1 stengel **bleekselderij**, in blokjes

1 **konijn**, in stukken, of 4 stukken kip

1 tl **vijfkruidenpoeder**

1 tl **bloem**

geraspte **schil** van 1 **sinaasappel**

1 takje **rozemarijn**

1 tl gehakte **majoraan**

3 dl **rode wijn**

3 dl **runderbouillon** (zie blz. 20)

4 el vetarme **crème fraîche**

peper

Stroganoff-saus

25 g **boter**

1 **ui**, fijngehakt

2 **teentjes knoflook**, geperst

250 g **champignons**, in plakjes

500 g mager **rundergehakt**

6 dl **runderbouillon** (zie blz. 20)

2 el **tomatenpuree**

3 dl **zure room**

zout en **peper**

2 el gehakte **peterselie**, ter garnering

10 VOOR

20 TIJD

4 PORTIES

vlezig

Dit is een echt vleesrecept, dus koop vlees van goede kwaliteit en vraag de slager er gehakt van te maken. Serveer er penne bij, want het is een grove saus.

1 Smelt de boter in een grote pan, voeg de ui en knoflook toe en bak ze in 5 minuten zacht. Doe de champignons erbij en bak alles nog een minuut.

2 Verkruimel het vlees erover en bak het al roerend tot het niet meer roze is. Voeg de bouillon en tomatenpuree toe en meng goed. Breng aan de kook, zet het vuur laag en laat de saus 10 minuten sudderen.

3 Roer de zure room door de vleessaus en breng op smaak met zout en peper. Garneer met peterselie en serveer.

Ham-champignon-saus

Ham en champignons vormen een heel goede combinatie en de toevoeging van room en kaas geeft dit gerecht zijn volle roomsmaak. Gnocchi zijn er verrukkelijk bij, omdat hun lichte, bloemige textuur perfect samengaat met de saus.

1 Smelt de boter in een grote pan en bak er de champignons en ham in 5 minuten zacht in.

2 Meng de room en kaas en roer ze door het champignon-hammengsel met de peterselie en olijven. Roer alles op laag vuur tot het iets is ingedikt. Breng op smaak met zout en peper. Serveer met de geraspte Parmezaanse kaas.

10 VOOR

8 TIJD

4 PORTIES

simpel

25 g **boter**

125 g **champignons**, in plakjes

175 g **gekookte ham**, in luciferdikke reepjes

1,5 dl **slagroom**

175 g **cheddar**, versgeraspt

1 el fijngehakte **peterselie**

handvol ontpitte **zwarte olijven**

zout en **peper**

2 el versgeraspte **Parmezaanse kaas**, voor erbij

vlees 95

Ham-tomaten-kaassaus

40 g **boter**

1 el **olijfolie**

3 **teentjes knoflook**, fijngehakt

175 g **gekookte ham**, in kleine blokjes

400 g gehakte **tomaten** uit blik

zout en **peper**

VOOR ERBIJ:

2 el gehakt **basilicum**

100 g **pecorino** of **Parmezaanse kaas**, versgeraspt

10 VOOR

20 TIJD

4 PORTIES

snel

Deze eenvoudige en snelle saus is ideaal voor doordeweekse maaltijden. Geef er macaroni bij. Doe de saus met de pasta in een ovenschaal, strooi er kaas over en zet hem een paar minuten onder de hete grill om de kaas te laten smelten.

1 Verhit de boter en olie in een pan op matig vuur. Voeg de knoflook en ham toe en bak ze zachtjes 4-5 minuten.

2 Doe de tomaten erbij en breng het mengsel aan de kook. Zet het vuur laag en laat de saus 10-15 minuten sudderen, of tot alles goed is gemengd. Roer regelmatig. Breng op smaak met zout en peper.

3 Meng het basilicum met de kaas en bestrooi de saus ermee.

Rode saus met erwten

Nog een eenvoudige saus die alleen maar langzaam hoeft te sudderen. De bacon geeft een heerlijke gerookte smaak en de erwten verlevendigen de saus met een prachtige kleur.

1 Smelt de boter in de pan en bak de bacon er op matig vuur in. Voeg voordat de bacon knapperig wordt de erwten toe en laat de smaken een minuut of twee vrijkomen.

2 Voeg de tomaten toe, schenk de bouillon erop en kook deze op laag vuur 30 minuten. Roer af en toe om te voorkomen dat de saus aan de bodem kleeft. Breng op smaak met zout en peper.

10 VOOR

35 TIJD

4 PORTIES

stevig

50 g **boter**

125 g **gerookte bacon**, zonder zwoerd en in blokjes

500 g **pruimtomaten**, ontveld (zie blz. 16) en grof gehakt

2,5 dl **groentebouillon** (zie blz. 21)

zout en **peper**

vegetarisch

Zwarteolijven- tomatensaus

2 el **olijfolie**

1 **ui**, fijngehakt

2 **teentjes knoflook**, geperst

800 g gehakte **tomaten** uit blik

2,5 dl **rode wijn**

50-125 g ontpitte **Kalamataolijven**, grof gehakt

zout en **peper**

Parmezaanse kaas, geschaafd, voor erbij (naar keuze)

VOOR

TIJD

PORTIES

Kalamataolijven zijn grote zwarte olijven uit de streek rond de stad Kalamata in Griekenland. Ze hebben een vlezige textuur en een heerlijk sterke smaak die essentieel is voor deze saus.

1 Verhit 1 eetlepel van de olijfolie in een grote pan met dikke bodem en voeg de ui toe. Bak deze 10 minuten zachtjes onder af en toe roeren. Roer de knoflook erdoor en bak deze 1-2 minuten mee.

2 Voeg de tomaten en wijn toe. Breng het geheel aan de kook, zet het vuur laag en laat de saus zonder deksel 20 minuten sudderen, tot hij is ingedikt. Roer af en toe.

3 Pureer de saus in een keukenmachine of blender of met een staafmixer en doe hem weer in de pan. Roer de olijven erdoor, breng op smaak met zout en peper en verhit de saus. Serveer eventueel met geschaafde Parmezaanse kaas.

Zongedroogde-tomatensaus met olijven

Deze zongedroogde tomaten zijn geconserveerd in olie, dus hoeven ze van tevoren niet te weken. Ze hebben een erg geconcentreerde smaak, dus heb je niet veel nodig om de saus een nieuwe smaakdimensie te geven.

10 VOOR

10 TIJD

4 PORTIES

snel

125 g **doperwten**

1 el **olijfolie**

2 **teentjes knoflook**, geperst

4 **sjalotjes**, fijngehakt

1 **groene paprika**, zonder zaad en zaadlijsten, in blokjes

15 g **munt**, gehakt

25 g **basilicumblaadjes**, gehakt

125 g **zongedroogde tomaten** in olie, uitgelekt en in plakjes

50 g ontpitte **zwarte olijven**

1 el **kappertjes**, gehakt

1,5 dl vetarme **crème fraîche**

zout en **peper**

1 Kook de dopertwen 5 minuten in licht gezouten water.

2 Verhit de olie in een grote koekenpan met antiaanbaklaag. Voeg de knoflook, sjalotjes, groene paprika en erwten toe en bak ze 5 minuten, tot de uien lichtbruin zijn en de paprika gaar is.

3 Voeg de munt, het basilicum, de tomaten, olijven en kappertjes toe. Breng op smaak met zout en peper. Verhit de saus goed en roer de crème fraîche erdoor.

Muntpesto

3 el gehakte **munt**

½ el gehakte **bladpeterselie**

½ **teentje knoflook**, gehakt

½ el versgeraspte **Parmezaanse kaas**

½ el **slagroom**

½ tl **balsamicoazijn**

1-2 el extra vergine **olijfolie**

zout en **peper**

VOOR 5

TIJD 0

PORTIES 4

kruidig

Deze variatie op de klassieke pesto heeft een heerlijk zomerse, frisse smaak door de munt en bladpeterselie. De slagroom en balsamicoazijn voegen een geweldig contrast van zoet en zuur toe, waardoor dit een perfect evenwichtige smakencombinatie is.

1 Doe alle ingrediënten in een keukenmachine of blender en pureer ze vrij glad. Voeg zout en peper naar smaak toe.

Pesto met groene olijven

VOOR 7

TIJD 0

4 PORTIES

notig

In plaats van de traditionele pijnboompitten worden er walnoten gebruikt in deze pastasaus, die je niet hoeft te koken. Deze pesto is lekker op zowel warme pasta als in een salade. Ook heerlijk als dip bij rauwkost of warm brood.

1 Doe de knoflook, walnoten en olijven in een keukenmachine en pureer ze fijn. Doe de basilicumblaadjes en olijfolie erbij en pureer alles glad.

2 Schraap de pesto uit de kom, roer het citroensap en de pecorino of Parmezaanse kaas erdoor en voeg zout en peper naar smaak toe. Serveer met basilicumblaadjes en extra kaas als je dat lekker vindt.

1 klein **teentje knoflook**

25 g gedopte **walnoten**

100 g ontpitte **groene olijven**

1 flinke bos **basilicum**, alleen de blaadjes, plus extra voor erbij

3-4 el extra vergine **olijfolie**

1 el **citroensap**

50 g **pecorino** of **Parmezaanse kaas**, versgeraspt, plus extra voor erbij (naar keuze)

zout en **peper**

Kikkererwten-tomatensaus

400 g **kikkererwten** uit blik, afgespoeld en uitgelekt

6 el **olijfolie**

1 kleine **ui**, fijngehakt

1 stengel **bleekselderij**, in blokjes

2 **teentjes knoflook**, fijngehakt

600 g gehakte **tomaten** uit blik

2 el gehakte **bladpeterselie**

1 tl fijngehakte **rozemarijn**

zout en **peper**

4 el versgeraspte **Parmezaanse kaas**, voor erbij

20 VOOR

25 TIJD

4 PORTIES

hartig

Kikkererwten zorgen voor een hartige saus met een zekere substantie en dit recept, waarin ze een grote rol spelen, is echt iets voor liefhebbers van hummus. Als je van een iets grovere saus houdt, laat er dan een paar hele kikkererwten in zitten.

1 Pureer de helft van de kikkererwten in een blender en voeg indien nodig wat water toe.

2 Verhit de olie in een pan en bak de ui en bleekselderij er net zacht in. Voeg de knoflook toe en bak deze mee tot hij net begint te kleuren.

3 Voeg de tomaten, peterselie en rozemarijn toe, breng het geheel aan de kook, zet het vuur laag en laat de saus 10-15 minuten sudderen, tot hij is ingedikt. Roer de gepureerde en hele kikkererwten erdoor en laat de saus nog 5 minuten sudderen. Breng op smaak met zout en peper en serveer met Parmezaanse kaas.

Tomaten-eiersaus

Deze tomatensaus is heel handig om in een grotere hoeveelheid op voorraad te hebben in de diepvries. De eieren en kaas zorgen ervoor dat de saus wat dikker wordt en geven de saus een romige textuur.

VOOR 8

TIJD 12

4 PORTIES

dik

2 **eieren**

25 g **Parmezaanse kaas**, versgeraspt

4 el **mascarpone** of **room**

zout en **peper**

basilicumblaadjes, ter garnering

TOMATENSAUS:

425 g **passata** uit pot (gezeefde tomaten)

1 **teentje knoflook**, geperst

2 el **olijfolie**

½ tl **basterdsuiker**

1 **laurierblaadje**

1 el gehakt **basilicum**

1 Doe alle ingrediënten voor de tomatensaus in een pan en breng ze aan de kook. Dek de pan af, zet het vuur laag en laat de saus 10 minuten sudderen. Proef en breng indien nodig verder op smaak. Gooi het laurierblaadje weg en houd de saus warm.

2 Klop de eieren met de Parmezaanse kaas en mascarpone of room tot ze goed gemengd zijn. Breng op smaak met zout en peper.

3 Haal de tomatensaus van het vuur en klop het eimengsel erdoor. Garneer met takjes basilicum.

vegetarisch **105**

Salsa primavera verde

2 el **olijfolie**

1 **teentje knoflook**, gehakt

2 **sjalotjes**, gehakt

125 g gedopte **erwten**

125 g gedopte jonge **tuinbonen**, zonder het buitenste velletje

125 g **groene asperges**, schoongemaakt en in stukken van 5 cm

125 g **spinazie**, gewassen en gehakt

1,5 dl **slagroom**

zout en **peper**

handvol **muntblaadjes**, gehakt, ter garnering

75 g **Parmezaanse kaas**, geraspt, voor erbij

15 VOOR

8 TIJD

4 PORTIES

fris

In dit recept worden kleine, jonge tuinbonen gebruikt. Als je alleen de oudere, grotere tuinbonen kunt krijgen, dop ze dan, verwijder het taaie velletje en kook ze eerst. Schep deze saus om met witte tagliatelle om het kleurenschema compleet te maken.

1 Verhit de olie in een pan en bak de knoflook en sjalotjes er 3 minuten in. Voeg de erwten, tuinbonen, asperges en spinazie toe. Roer goed en bak alles 2 minuten.

2 Roer de room door de groenten en meng goed. Breng aan de kook, zet het vuur laag en laat 3 minuten sudderen. Breng op smaak met zout en peper. Garneer met munt en serveer met Parmezaanse kaas.

Sojabolognese met verse tomaat

Een verse tomatensaus is een ideale basis voor sojagehakt of -brokjes, of gekookte sojabonen of stukjes tofoe. Laat de saus zachtjes sudderen en serveer hem met eierpasta.

1 Verhit de olie in een grote pan, doe de ui erin en bak hem in 4-5 minuten zacht en goudbruin. Voeg de knoflook toe en bak hem 1-2 minuten mee, maar laat hem niet verbranden.

2 Doe de rode wijn in de pan en voeg dan de tomaten, tomatenpuree, sojasaus, de hele wortel, het laurierblaadje en de tijm toe. Breng alles langzaam aan de kook. Roer goed, zet het vuur laag en laat alles 25 minuten sudderen.

3 Voeg het sojagehakt en het gescheurde basilicum toe aan de tomatensaus en laat de saus weer 5-10 minuten sudderen. Haal de hele wortel en de tijmtakjes eruit en breng op smaak met zout en peper. Garneer met basilicum en serveer met geschaafde Parmezaanse kaas.

30 VOOR

45 TIJD

4 PORTIES

stevig

2 el **olijfolie**

1 **ui**, fijngehakt

1 **teentje knoflook**

1,5 dl **rode wijn**

1 kg rijpe **tomaten**, ontveld (zie blz. 16) en gehakt, of 800 g gehakte tomaten uit blik

1 el **tomatenpuree**

1 el **sojasaus**

1 **wortel**

1 **laurierblaadje**

2 takjes **tijm**

500 g gedroogd **sojagehakt** of gedroogde **sojabrokjes**, klaargemaakt volgens de aanwijzingen op de verpakking

2 el gescheurde **basilicumblaadjes**

zout en **peper**

basilicumblaadjes, ter garnering

Parmezaanse kaas, geschaafd, voor erbij

vegetarisch

Sojabolognese met tomaten en champignons

15 VOOR

30 TIJD

4 PORTIES

1 el **plantaardige olie**

1 **ui**, gehakt

1 **teentje knoflook**, geperst

150 g gedroogd **sojagehakt** of gedroogde **sojabrokjes**, klaargemaakt volgens de aanwijzingen op de verpakking

125 g **champignons**, in plakjes

1 **wortel**, in plakjes

1 kg rijpe **tomaten**, ontveld (zie blz. 16) en gehakt, of 800 g gehakte tomaten uit blik

1,5 dl **groentebouillon** (zie blz. 21)

2 el **tomatenpuree**

1 tl **gedroogde oregano**

1 tl **gedroogd basilicum**

1 tl **gistextract**

peper

versgeraspte **Parmezaanse kaas**, voor erbij

Vegetariërs hoeven de geneugten van een goede spaghetti bolognese niet aan zich voorbij te laten gaan. De kruiden in dit recept geven extra smaak en door de champignons is deze heerlijke winterse maaltijd goed vullend.

1 Verhit de olie in een grote pan, voeg de ui en knoflook toe en bak ze al roerend in 2-3 minuten zacht.

2 Voeg de rest van de ingrediënten toe, roer goed en breng alles aan de kook. Zet het vuur laag en laat alles 20-25 minuten sudderen. Breng op smaak met zout en peper en serveer met Parmezaanse kaas.

Linzen-tomatensaus

Houd de linzen tijdens het koken in de gaten, want hun kooktijd is afhankelijk van hoe oud ze zijn en hoe ze bewaard zijn. Gebruik voor een echt weelderige versie van dit gerecht Puylinzen, de kaviaar onder de linzen!

1 Breng een grote pan water aan de kook. Voeg de linzen toe en laat ze 10 minuten stevig koken. Giet ze af en zet ze weg.

2 Verhit intussen de olie in een grote koekenpan. Bak de ui en knoflook er al roerend 3-5 minuten in, tot ze zacht maar nog niet verkleurd zijn.

3 Voeg de linzen toe. Roerbak ze 1 minuut en roer dan de tomaten met hun sap, de tomatenpuree en bouillon erdoor. Breng het geheel aan de kook, zet het vuur laag en laat de saus zonder deksel 45 minuten sudderen, tot hij voor de helft is ingekookt. Roer regelmatig om de tomaten te breken. Breng op smaak met zout en peper en garneer met basilicum.

10 VOOR

60 TIJD

4 PORTIES

rustiek

250 g **groene linzen**

1 el **olijfolie**

1 **ui**, gehakt

2 **teentjes knoflook**, geperst

400 g **tomaten** uit blik

2 el **tomatenpuree**

6 dl **groentebouillon** (zie blz. 21)

zout en **peper**

1 el gehakt **basilicum**, ter garnering

Groente-bolognese

1 el **olijfolie**

1 **ui**, gehakt

250 g **wortels**, in blokjes

1 **prei**, in ringen

2 stengels **bleekselderij**, in plakjes

400 g **tomaten** uit blik, uitgelekt en grof gehakt

1 el **tomatenpuree**

1 tl **cayennepeper**

125 g **champignons**, in plakjes

zout en **peper**

basilicumblaadjes, ter garnering

15
VOOR

15
TIJD

4
PORTIES

feest

Deze saus zit vol smaakvolle groenten. Als je een gladdere substantie lekkerder vindt, kun de saus ook even kort vermalen in een keukenmachine.

1 Verhit de olie in een grote pan en bak de ui en wortels 3-5 minuten.

2 Voeg de rest van de ingrediënten toe, breng alles aan de kook, zet het vuur laag en laat de saus 10 minuten sudderen. Breng op smaak met zout en peper en garneer met basilicum.

Boterige tomatensaus

Dit is een heel eenvoudige saus om te maken. Pruimtomaten hebben een intense smaak, dus vervang ze in dit recept liever niet door een andere tomatensoort.

VOOR

TIJD

PORTIES

125 g **boter**

1 **ui**, in ringen

2 **teentjes knoflook**, geperst

1 kg rijpe **pruimtomaten**, ontveld (zie blz. 16), zonder zaad en gehakt

2 el gehakte **peterselie**, plus extra ter garnering

zout en **peper**

1 Smelt de boter in een grote koekenpan en voeg de ui, knoflook en zout en peper toe. Bak ze 10 minuten op laag vuur tot de uiringen glazig maar niet bruin zijn.

2 Voeg de tomaten toe en breng ze aan de kook. Zet het vuur laag, dek de pan af en laat de saus 10 minuten sudderen. Breng op smaak met zout en peper en roer de peterselie erdoor. Garneer met de extra peterselie.

Ratatouille

1 grote **ui**, gehakt

1 **teentje knoflook**, geperst

500 g **courgettes**, in plakken

1 **aubergine**, in blokjes

1 **groene paprika**, zonder zaad en zaadlijsten, in blokjes

500 g **tomaten**, ontveld (zie blz. 16) en gehakt

1 el gehakte **oregano** of **basilicum**

zout en **peper**

1 el gehakte **peterselie**, ter garnering

20 VOOR

35 TIJD

4 PORTIES

hartig

Deze saus kun je in een lasagne verwerken. Serveer hem anders met een geribbelde pastasoort, zoals penne.

1 Doe alle ingrediënten in een grote pan. Zet de groenten onder water, breng aan de kook, zet het vuur laag en laat de saus 30 minuten sudderen, tot de groenten gaar zijn en de sappen iets zijn ingedikt.

2 Breng op smaak met zout en peper en garneer met peterselie.

Groente-ragout

Rode pesto krijgt zijn kleur van zongedroogde tomaten. Het is redelijk eenvoudig om zelf pesto te maken, maar je kunt ook pesto uit een potje gebruiken. Pesto wil nog wel eens uitdrogen als het potje geopend is; voeg gewoon een scheutje olijfolie toe als dit gebeurt.

1 Verhit de olie in een pan, voeg de knoflook en ui toe en bak ze 3-5 minuten, tot ze zacht zijn. Voeg de wortel en bleekselderij toe en bak alles nog 5 minuten. Roer de rode paprika, zout en peper erdoor. Bak nog 10 minuten en voeg wat water toe indien nodig.

2 Voeg de tomaten en pesto toe aan het rode-paprikamengsel. Kook de saus 5 minuten, proef en voeg indien nodig zout en peper toe. Garneer met peterselie.

10
VOOR

25
TIJD

4
PORTIES

rijk

1 el **olijfolie**

2 **teentjes knoflook**, geperst

1 **ui**, gehakt

1 **wortel**, fijngehakt

1 stengel **bleekselderij**, gehakt

1 **rode paprika**, zonder zaad en zaadlijsten, gehakt

4 rijpe **pruimtomaten**, gehakt

3 el **rode pesto**

zout en **peper**

2 el gehakte **peterselie**, ter garnering

vegetarisch **113**

Tomaten-kerriesaus

1 el **olijfolie**

1 **ui**, fijngehakt

2 **teentjes knoflook**, geperst

1 el **madras kerriepoeder**

2 el **tomatenpuree**

400 g gehakte **tomaten** uit blik

2 tl **garam masala**

2 el gehakte verse **korianderblaadjes**, plus enkele hele blaadjes, ter garnering

VOOR 10

TIJD 15

4 PORTIES

pittig

In dit ongebruikelijke recept worden door de toevoeging van het kerriepoeder, de garam masala en de koriander elementen van de Indiase keuken gecombineerd. Garam masala is een mengsel van verschillende specerijen dat per streek in India verschilt.

1 Verhit de olie in een koekenpan en bak de ui en knoflook er 3-5 minuten in, tot de ui zacht is.

2 Roer het kerriepoeder, de tomatenpuree en de gehakte tomaten erdoor. Breng aan de kook, zet het vuur laag en laat alles zonder deksel 5-10 minuten sudderen.

3 Strooi de garam masala en dan de gehakte koriander erover en roer goed. Garneer met de hele korianderblaadjes.

114 vegetarisch

Romige walnotensaus

Voor een nog rijkere saus kun je ook nog 125 gram ontpitte, in de oven gedroogde olijven toevoegen aan de ingrediënten in de keukenmachine.

1 Schenk de melk in een ondiep bord, leg de sneden brood erin en laat ze alle melk absorberen.

2 Verdeel intussen de stukjes walnoot over een bakplaat en rooster ze 5 minuten in een op 190 °C voorverwarmde oven. Laat ze afkoelen.

3 Doe het brood, de stukjes walnoot, knoflook, Parmezaanse kaas en olijfolie in een keukenmachine en pureer ze glad. Breng op smaak met zout en peper en roer de slagroom erdoor. Serveer met de extra geraspte Parmezaanse kaas.

15
VOOR

5
TIJD

4-6
PORTIES

notig

3 dl **melk**

2 sneden **volkorenbrood**, zonder korsten

300 g stukjes **walnoot**

1 **teentje knoflook**, geperst

50 g **Parmezaanse kaas**, versgeraspt, plus extra, voor erbij

1 dl **olijfolie**

1,5 dl **slagroom**

zout en **peper**

Koriander-walnootsaus

1 el **olijfolie**

50 ml **slagroom**

25 g **cheddar**, geraspt

25 g **walnoten**, fijngehakt

25 g verse **koriander**, fijngehakt, plus extra takjes ter garnering

zout en **peper**

VOOR 5

TIJD 0

PORTIES 4

notig

Deze saus kun je van tevoren maken en tot twee dagen in een gesloten bak in de koelkast bewaren.

1 Doe de olijfolie en slagroom in een kom. Voeg de kaas, walnoten en gehakte koriander toe.

2 Meng de ingrediënten goed. Breng ze op smaak met zout en peper en garneer met takjes koriander.

Geroosterde-paprika-walnootsaus

Als je de paprika's eerst even roostert, krijgen ze een veel intensere smaak. Doe ze na het roosteren in een plastic zakje en laat ze een paar minuten liggen. Houd ze dan onder de stromende koude kraan en wrijf de velletjes er eenvoudig af.

15 VOOR

30 TIJD

4 PORTIES

rustiek

2 tl **olijfolie**

4 **rode paprika's**, zonder zaad en zaadlijsten, in brede repen

3-4 grote tenen **knoflook**, in dunne plakjes

60 g **walnoten**, gehakt

25 g **Parmezaanse kaas**, geschaafd

zout en **peper**

1 Bestrijk de paprika's met een ½ theelepel olijfolie. Leg de paprika's op een bakplaat en rooster ze 25 minuten in een op 230 °C voorverwarmde oven, tot ze zacht zijn en zwart beginnen te worden.

2 Bewaar vier van de paprikarepen ter garnering en snijd de rest in stukken.

3 Verhit de rest van de olijfolie in een grote koekenpan en bak de plakjes knoflook erin zonder ze bruin te laten worden. Voeg de stukken paprika toe en roer de walnoten erdoor. Breng op smaak met zout en peper. Garneer met de bewaarde paprika en serveer met geschaafde Parmezaanse kaas.

vegetarisch

Radicchio-roomsaus

50 g **boter**

1 el **olijfolie**

1 **ui**, zeer fijn gehakt

250 g **radicchio**, in dunne repen, plus enkele kleine bladeren ter garnering

1,5 dl **slagroom**

50 g **Parmezaanse kaas**, versgeraspt

zout en **peper**

VOOR

TIJD

PORTIES

Deze saus is versbereid het lekkerst. Radicchio heeft een licht bittere smaak die goed wordt aangevuld door de room en kaas in dit recept. Radicchio is erg populair in de Italiaanse keuken, waar hij in salades of gegrild gegeten wordt.

1 Smelt de boter met de olie in een grote pan met dikke bodem. Voeg de ui toe en bak deze in 10 minuten rustig al roerend zacht.

2 Voeg de in repen gesneden radicchio toe en bak hem al roerend op matig vuur tot hij begint te slinken en bruin begint te worden. Roer de room erdoor en verhit het geheel goed. Breng op smaak met zout en peper. Garneer met de hele radicchiobladeren en serveer met Parmezaanse kaas.

Pittige geroosterdepaprikakorianderpesto

De Spaanse peper geeft deze ongebruikelijke pesto een flinke kick. Als je van heel heet houdt, neem dan een bird's eye chili. Kies anders een grotere rode of groene Spaanse peper. De meeste pit zit in de zaadjes; kies zelf of je deze wilt laten zitten.

1 Rooster de paprika's in een op 220 °C voorverwarmde oven, tot het vel aan alle kanten zwart begint te worden. Haal ze uit de oven en verwijder het vel en zaad. Hak het vruchtvlees in blokjes van 1 cm.

2 Doe de koriander en Spaanse pepers in een blender of keukenmachine met de knoflook, pijnboompitten, limoenschil en zout. Pureer alles glad en voeg geleidelijk de olijfolie toe. Doe het mengsel in een kom en meng het met de geroosterde paprika en Parmezaanse kaas.

20 VOOR

50 TIJD

4 PORTIES

heet

3 **paprika's**, rood en geel

50 g bijgesneden verse **korianderblaadjes** en **-steeltjes**, grof gehakt

1 **Spaanse peper**, zonder zaadjes en grof gehakt

2 **teentjes knoflook**, geperst

2 el **pijnboompitten**

fijn geraspte **schil van 1 limoen**

1 tl **zout**

8 el **olijfolie**

50 g **Parmezaanse kaas**, versgeraspt

vegetarisch

Geroosterde-paprikasaus

3 grote **rode paprika's**, zonder zaad en zaadlijsten, grof gehakt

1 **gele** of **oranje paprika**, zonder zaad en zaadlijsten, grof gehakt

1 **rode ui**, gehakt

2 **teentjes knoflook**, in plakjes

3 **tomaten**, ontveld (zie blz. 16) en in vieren

4 grote takjes **oregano**, grof gehakt

5 el **olijfolie**

5 el **witte wijn** of **water**

zout en **peper**

15 VOOR

50 TIJD

4 PORTIES

zoet

In tegenstelling tot de meeste andere sauzen wordt deze in de oven gebakken tot hij zoet en gekaramelliseerd is, waarna hij wat fijner vermalen wordt. Deze saus smaakt heerlijk met spaghetti of linguini, of met stukjes mozzarella die je er vlak voor het serveren door roert.

1 Doe de paprika's, ui, knoflook, tomaten en oregano in een grote braadslede. Sprenkel er 3 van de eetlepels olijfolie over en strooi er wat zout en peper over. Schep de ingrediënten goed om. Rooster ze 50 minuten in een op 220 °C voorverwarmde oven, tot de groenten mooi bruin zijn aan de randen. Keer de groenten tijdens het roosteren één of twee keer.

2 Doe het mengsel in een keukenmachine of blender. Giet de witte wijn of het water in de braadslede en roer ze door de sappen. Schraap eventueel aanbaksel los. Voeg het geheel toe aan het paprikamengsel. Hak de groenten licht tot een grove pulp.

3 Doe de saus terug in de braadslede met de rest van de olie en verhit hem nog 2 minuten. Breng indien nodig op smaak en serveer heet.

Zoet-pittige aubergine-saus

Aubergines bevatten veel vocht. Om dit eraan te onttrekken snijd je de aubergines in plakken, leg je ze in een vergiet en bestrooi je ze met zout. Laat ze zo 30 minuten liggen, dep ze dan droog en snijd ze in blokjes.

1 Verhit de olie in een grote pan. Voeg het sesamzaad en maanzaad en de ui toe. Bak ze 2 minuten en voeg dan de rode paprika, aubergines en Spaanse peper toe. Bak alles al roerend 5 minuten.

2 Roer de tomatenpuree, het water en de azijn toe. Breng alles aan de kook, zet het vuur laag laat de saus 10 minuten sudderen. Breng op smaak met zout en peper en roer de koriander erdoor.

15 VOOR

20 TIJD

4 PORTIES

pittig

1½ el **olijfolie**

1 tl **sesamzaad** of **maanzaad**

1 **ui**, fijngehakt

1 **rode paprika**, zonder zaad en zaadlijsten, gehakt

250 g **aubergines**, gehakt

½ **rode Spaanse peper**, zonder zaadjes en gehakt

2 el **tomatenpuree**

50 ml **water**

1 el **ciderazijn**

2 el gehakte verse **koriander**

zout en **peper**

Pittige saus van geroosterde kerstomaten

10 VOOR

15 TIJD

4 PORTIES

subtiel

250 g **kerstomaten**, gehalveerd

zeezout

2 tl **pesto**

4 el **olijfolie**

2 **lente-uitjes**, in dunne ringen

1 **Spaanse peper**, zonder zaad en fijngehakt

2 **teentjes knoflook**

1 el **frambozenazijn**

1 el **sinaasappelsap**

2 el geroosterde **hazelnoten**, gehakt

2 el gehakt **basilicum**, plus extra in reepjes, ter garnering

zout

125 g **Parmezaanse kaas**, versgeraspt, ter garnering

Als je geen frambozenazijn kunt vinden, neem dan wittewijnazijn of ciderazijn voor dit recept. De smaak van frambozen en sinaasappel geeft de saus een subtiele fruitige toets.

1 Verdeel de kerstomaten over een bakplaat. Bestrooi ze met wat zeezout, verdeel de pesto erover en sprenkel er 1 eetlepel olie over. Schep de tomaten om, zodat ze goed bedekt zijn. Bak ze 15 minuten in een op 200 °C voorverwarmde oven.

2 Verhit intussen de rest van de olie in een kleine pan. Voeg de lente-uitjes, Spaanse peper en knoflook toe en bak ze al roerend 1 minuut. Haal de pan van het vuur en doe de azijn, het sinaasappelsap, de noten en het basilicum erin. Roer goed en breng op smaak met zout en peper.

3 Roer de tomaten voorzichtig door het uienmengsel. Garneer met de reepjes basilicum en serveer met Parmezaanse kaas.

Verse tomaten-basilicumsaus

Dit is een klassieke Italiaanse combinatie die in veel pasta- en pizzarecepten voorkomt. Het zijn twee verse, smaakvolle ingrediënten die geweldig samengaan en die het met elke pastasoort goed doen.

1 Doe de ingrediënten in een pan en breng ze aan de kook. Zet het vuur laag, dek de pan af en laat 30 minuten sudderen.

2 Haal het deksel van de pan en laat de saus nog 20 minuten sudderen en indikken. Breng op smaak met zout en peper.

10 VOOR

50 TIJD

4 PORTIES

klas-siek

1 kg rijpe **tomaten**, ontveld (zie blz. 16) en grof gehakt

2 el **olijfolie**

2 **teentjes knoflook**, gehakt

2 el gehakt **basilicum**

1 tl geraspte **citroenschil**

snufje **basterdsuiker**

zout en **peper**

Pittige balsamicosaus

VOOR 10

TIJD 4

4 PORTIES

notig

3 el **olijfolie**

2 **teentjes knoflook**, geperst

2 **rode Spaanse pepers**, zonder zaadjes en gehakt

4 el **balsamicoazijn**

2 el **rode pesto**

1 bosje **lente-uitjes**, in ringetjes

25 g geroosterde **hazelnoten**, gehakt

zout

2 el gehakte **gemengde kruiden**, ter garnering

In dit recept wordt een grote hoeveelheid balsamicoazijn gebruikt, dus koop een flesje van goede kwaliteit. De hazelnoten geven een notige, rokerige smaak en een lekker grove textuur. Dit is een heerlijke, maar ongewone combinatie.

1 Verhit de olie in een pan. Voeg de knoflook en pepers toe en bak ze 2 minuten.

2 Zet het vuur laag, roer de rest van de ingrediënten erdoor en warm alles goed door. Garneer met gemengde kruiden.

Guacamole-saus

Guacamole is een traditioneel Mexicaans gerecht, maar deze versie doet het ook heel goed als pastasaus. Avocado heeft een prachtige romige textuur en smaak. Hier wordt hij gecombineerd met zure room en wijn tot een ideale saus voor spaghetti of tagliatelle.

1 Verhit de olie in een pan met dikke bodem. Doe de ui, bleekselderij en paprika erin en bak ze rustig en onder regelmatig roeren in 10 minuten zacht. Voeg de oregano of majoraan, het chilipoeder en de knoflook toe en meng de ingrediënten al roerend in 1-2 minuten op laag vuur.

2 Voeg de tomaten en wijn toe en roer. Breng aan de kook, dek de pan af, zet het vuur laag en laat alles 15 minuten sudderen; roer af en toe. Breng op smaak met zout en peper.

3 Halveer en ontpit intussen de avocado. Snijd het vruchtvlees in stukjes en besprenkel het met citroensap om verkleuren tegen te gaan.

4 Haal de saus van het vuur en roer de avocado en de helft van de zure room of yoghurt erdoor. Breng op smaak indien nodig. Garneer met majoraan en schep de rest van de zure room of yoghurt erbovenop.

20 VOOR

30 TIJD

4 PORTIES

stevig

3 el **olijfolie**

1 kleine **ui**, fijngehakt

2 stengels **bleekselderij**, fijngehakt

1 **rode** of **groene paprika**, zonder zaad en zaadlijsten, in kleine blokjes

2 tl gehakte **oregano** of **majoraan**

½-1 tl **chilipoeder**, naar smaak

1-2 **teentjes knoflook**, geperst

500 g rijpe **tomaten**, ontveld (zie blz. 16), zonder zaadjes en fijngehakt, of 400 g gehakte tomaten uit blik

1,5 dl droge **witte wijn**

1 grote rijpe **avocado**

2 el **citroensap**

1,5 dl **zure room** of **Griekse yoghurt**

zout en **peper**

takjes **majoraan**, ter garnering

Avocado-roomsaus

1 rijpe **avocado**, gehalveerd en ontpit

4 el **citroensap**

1 **teentje knoflook**, geperst

1 tl **basterdsuiker**

1,5 dl **room**

zout en **peper**

GARNERING:

4 **lente-uitjes**, gehakt

2 el gehakte **peterselie**

VOOR 15

TIJD 0

6-8 PORTIES

simpel

Deze eenvoudige saus, die je niet hoeft te koken, is perfect voor een snelle lunch of voor een pastasalade als bijgerecht. Als pastasoort is conchiglie of fusilli een goede keus, omdat deze soorten de romige saus goed vasthouden. Meng de saus en pasta goed voor het serveren.

1 Schep het avocadovruchtvlees uit de schil en doe het in een blender of keukenmachine met het citroensap, de knoflook, suiker en room. Pureer alles glad. Breng de saus op smaak met zout en peper.

2 Garneer met lente-uitjes en peterselie en serveer iets gekoeld.

Pittige rucolasaus

Omdat er maar een paar ingrediënten in zitten, hangt het succes van deze saus voor een groot deel af van de levendige kleur en de pittige smaak van de rucola. De saus heeft een lichte, verse smaak en is met volkoren fusilli heel geschikt als gezonde lunch.

1 Verhit de olie en bak de knoflook en chilivlokken er zachtjes in tot de knoflook begint te verkleuren.

2 Voeg de rucola toe en roerbak deze tot hij begint te slinken. Breng op smaak met zout en peper en serveer met Parmezaanse kaas.

10 VOOR

5 TIJD

4 PORTIES

simpel

8 el **olijfolie**

3 **teentjes knoflook**, fijngehakt

½ tl **gedroogde chilivlokken**

100 g **rucola**, grof gehakt

zout en **peper**

50 g **Parmezaanse kaas**, versgeraspt, voor erbij

Tomaten-champignon-saus

1 tl **zonnebloemolie**

1 kleine **ui**, fijngehakt

125 g **champignons**, in plakjes

400 g **pruimtomaten**

1 el gehakt **basilicum** (naar keuze)

zout en **peper**

VOOR 5

TIJD 25

PORTIES 2

simpel

Dit eenvoudige gerecht is ideaal voor kinderen en die zullen er nog meer van genieten als je kleine pastavormpjes gebruikt. Maar ook andere kieskeurige eters zullen het waarderen, zeker als je de saus even kort vermaalt in de keukenmachine!

1 Verhit de olie in een pan. Voeg de ui en champignons toe en bak ze 5 minuten.

2 Roer de tomaten erdoor, breng ze aan de kook, zet het vuur laag en laat de saus 15 minuten zonder deksel sudderen en inkoken. Voeg eventueel het basilicum toe en laat nog 5 minuten sudderen. Breng op smaak met zout en peper.

Groene saus met tuinbonen

Dit is een echt zomergerecht met zijn heerlijke jonge tuinbonen en bladgroenten. Het is ook lekker gezond en kan zowel koud als warm gegeten worden. Een goede pastasoort bij deze saus is penne of rigatoni.

1 Dompel de tuinbonen circa 2 minuten onder in kokend water. Houd ze daarna onder koud stromend water en wrijf de buitenste velletjes eraf als deze taai zijn.

2 Verhit de olie in een grote pan en bak de ui net zacht. Voeg de knoflook, salie en chilivlokken toe.

3 Voeg de bladgroenten toe en schep ze om tot ze goed met olie zijn bedekt. Dek de pan af en bak de groenten op matig vuur in 7-10 minuten net gaar. Voeg indien nodig een beetje water toe als het mengsel te droog wordt. Roer de tuinbonen erdoor en breng op smaak. Roer de Parmezaanse kaas erdoor.

15 VOOR

20 TIJD

4 PORTIES

vers

250 g gedopte jonge **groene bonen**

6 el **olijfolie**

1 **rode ui**, fijngehakt

3 **teentjes knoflook**, fijngehakt

3 **salieblaadjes**, fijngehakt

½ tl **gedroogde chilivlokken**

750 g jonge **groene bladgroente**, **boerenkool** of **snijbiet**, taaie stelen verwijderd, fijngesneden

zout en **peper**

4 el versgeraspte **Parmezaanse kaas**

Courgettesaus met rozemarijn

75 VOOR

10 TIJD

4-6 PORTIES

kruidig

500 g **courgettes**, in luciferdunne reepjes

5 el **olijfolie**

2 **uien**, in heel dunne ringen

1 **teentje knoflook**, fijngehakt

1 el fijngehakte **bladpeterselie**

2 el fijngehakte **rozemarijn**

50 g **Parmezaanse kaas**, versgeraspt

zout en **peper**

Rozemarijn en courgette vormen een fantastische combinatie en vullen elkaar heel goed aan. Door de courgettes te bestrooien onttrek je het overtollige vocht eraan en wordt de saus niet te dun.

1 Doe de courgettes in een vergiet, bestrooi ze met zout en laat ze 1 uur staan. Dep ze droog met keukenpapier.

2 Verhit de olie en bak de uien er zachtjes goudbruin in. Voeg de knoflook, peterselie en courgettes toe en bak ze net zacht; roer regelmatig. Roer de rozemarijn erdoor en breng op smaak met zout en peper.

3 Roer de helft van de Parmezaanse kaas erdoor en serveer de rest er apart erbij.

Spinazie-champignon-saus

Dit is een verrukkelijk weelderige, romige pastasaus. Hoewel er een hele bol knoflook wordt gebruikt, wordt deze eerst geroosterd, waardoor hij een milde smaak krijgt.

10 VOOR

50 TIJD

4 PORTIES

feest

1 kleine bol **knoflook**

1 el **olijfolie**

200 g **kastanje-champignons**, in dunne plakjes

200 g **jonge spinazie**

200 g **roomkaas**

royaal versgemalen **nootmuskaat**

1 dl **room**

zout en **peper**

1 Wikkel de hele bol knoflook in wat aluminiumfolie en rooster hem 35-45 minuten in een op 200 °C voorverwarmde oven, tot hij zacht aanvoelt als je er met een mes in prikt.

2 Verhit intussen de olie in een grote pan en bak de champignons rustig tot ze bruin beginnen te worden. Voeg de spinazie toe, dek de pan af en verhit een paar minuten, tot de spinazie is geslonken.

3 Haal de geroosterde knoflook uit de oven, laat hem iets afkoelen, snijd de onderkant eraf en druk de inhoud uit elke teen. Doe deze in een keukenmachine met de roomkaas en nootmuskaat en meng alles glad.

4 Doe het knoflookmengsel in een pan, voeg de room toe en verhit ze zachtjes en al roerend met een houten lepel tot je een gladde saus hebt. Voeg het champignon-spinazie-mengsel toe en warm het geheel door. Breng op smaak met zout en peper.

Zoeteaard-appel-kikker-erwtensaus

VOOR 15

TIJD 25

4 PORTIES

zoet

4 el **olijfolie**

2 el **amandelschaafsel**

1 grote **ui**, gehakt

3 **teentjes knoflook**, geperst

½ tl **kaneel**

½ tl gekneusde **gedroogde chilipepertjes**

flinke snuf **kurkuma**

500 g **zoete aardappels**, in blokjes van 1 cm

4,5 dl **groentebouillon** (zie blz. 21)

400 g **kikkererwten** uit blik, afgespoeld en uitgelekt

15 g **rozijnen**

zout en **peper**

Dit gerecht bevat een interessant contrast tussen de hartige, pitte aardappels en de zoete rozijnen.

1 Verhit de olie in een pan en bak het amandelschaafsel tot het iets bruin is. Haal het met een schuimspan uit de pan. Doe de ui in de pan en bak hem in 5 minuten rustig zacht. Voeg de knoflook en specerijen toe en bak ze 1 minuut. Voeg de zoete aardappels toe en bak alles nog 5 minuten.

2 Voeg de bouillon en kikkererwten toe en breng het geheel aan de kook. Zet het vuur laag en laat de saus met het deksel op de pan 10 minuten sudderen, of tot hij dik en zacht is en de zoete aardappels gaar zijn. Maak ze met een stamper fijn zonder ze helemaal te pureren.

3 Roer de rozijnen en amandelen door de saus en breng op smaak met zout en peper.

Kerrie-bonen-saus

VOOR 20

TIJD 30

PORTIES 4

pittig

Kerriesauzen worden alleen maar lekkerder met de tijd en kunnen prima een dag van tevoren gemaakt worden. Serveer de saus en pasta met bijgerechtjes als met citroensap besprenkelde plakjes banaan en mangochutney.

1 el **plantaardige olie**

3 **uien**, gehakt

2 **teentjes knoflook**, geperst

3 el **kerriepoeder**

½ tl **gemalen komijn**

½ tl **gemalen koriander**

½ tl **chilipoeder**

2 tl geraspte verse **gemberwortel** (naar keuze)

2 el **volkorenmeel**

9 dl **groentebouillon** (zie blz. 21)

1 el **citroensap**

800 g **rode kidneybonen** uit blik, uitgelekt (vocht bewaard)

zout

1 Verhit de olie in een pan en bak de ui en knoflook 2-3 minuten zachtjes. Roer het kerriepoeder, de komijn, koriander, het chilipoeder en eventueel de gember en het meel erdoor en bak ze 1 minuut.

2 Schenk de bouillon en het citroensap erbij, breng het geheel aan de kook, dek de pan af, zet het vuur laag en laat alles 25 minuten sudderen. Proef en voeg indien nodig zout toe.

3 Voeg de bonen toe aan de saus er roer ze er voorzichtig door. Als de saus te dik is, leng hem dan iets aan met het bewaarde bonenvocht.

vegetarisch

Paddenstoelen-pijnboom-pittensaus

30 VOOR

10 TIJD

4 PORTIES

rijk

25 g **gedroogde morieljes** of **gedroogde porcini**, 20 minuten geweekt in 2,5 dl warm water

2 el **olijfolie**

25 g **boter**

375 g **champignons**, in stukjes van 1 cm

1 **teentje knoflook**, fijngehakt

3 el fijngehakte **peterselie**

50 g **pijnboompitten**, geroosterd

4,5 dl **slagroom**

3 el versgeraspte **Parmezaanse kaas**

zout en **peper**

Deze selectie paddenstoelen vormt met de room en Parmezaanse kaas een zeer rijke en smakelijke saus. Vergeet niet de gedroogde paddenstoelen eerst in water te weken.

1 Laat de morieljes of porcini uitlekken en bewaar het weekvocht. Knijp het overtollige vocht eruit. Snijd ze in stukjes van 1 cm. Zeef het weekvocht en bewaar het.

2 Verhit de olijfolie en boter in een grote pan. Roerbak de geweekte paddenstoelen met de verse champignons op matig tot hoog vuur 5 minuten. Roer de knoflook, peterselie en het weekvocht erdoor. Roerbak tot alle vocht is verdampt. Breng op smaak met zout en peper.

3 Voeg de pijnboompitten, room en Parmezaanse kaas toe en roer tot alles goed heet is.

Gelepaprika-saus

Gele paprika's hebben een zoete smaak die heel goed samengaat met het basilicum in dit recept. Neem als het kan buffelmozzarella en laat die een beetje in de pasta smelten.

20 VOOR

20 TIJD

4 PORTIES

zoet

2 grote **gele paprika's**, zonder zaad en zaadlijsten, fijngehakt

½ **ui**, in dunne ringen

6 **pruimtomaten**, ontveld (zie blz. 16) en gehakt

2,5 dl **groentebouillon** (zie blz. 21)

½ tl gehakt **basilicum**

zout en **peper**

reepjes **basilicum**, ter garnering

200 g **mozzarella**, in blokjes, voor erbij

1 Doe de paprika's in een pan met de ui, tomaten en een snufje zout. Dek af en bak ze 5 minuten zachtjes. Voeg de bouillon toe en breng deze aan de kook. Zet het vuur laag en laat het geheel 15 minuten sudderen.

2 Roer het basilicum erdoor en breng op smaak met zout en peper. Garneer met de reepjes basilicum en strooi voor het serveren de blokjes mozzarella erover.

Romige rode-paprikasaus

10 VOOR

20 TIJD

2 PORTIES

simpel

- 1 el **olijfolie**
- 1 **ui**, fijngehakt
- 400 g **rode paprika's** uit pot, uitgelekt en in blokjes
- 5 **zongedroogde tomaten** op olie, uitgelekt en in dunne reepjes
- 1-2 **teentjes knoflook**, geperst
- 400 g gehakte **tomaten** uit blik
- 1,5 dl **groentebouillon** (zie blz. 21)
- 2 tl **basterdsuiker**
- 3 el **slagroom**
- **zout** en **peper**
- **basilicumblaadjes**, ter garnering
- versgeraspte **Parmezaanse kaas**, voor erbij

Serveer deze saus met spaghetti, geef er een salade bij en je hebt een eenvoudig maar luxe maaltijd in een handomdraai.

1 Verhit de olie in een pan en bak de ui er onder af en toe roeren 5 minuten in, tot hij licht goudbruin is.

2 Voeg de paprika's, zongedroogde tomaten en knoflook toe. Bak alles 2 minuten en voeg dan de tomaten, bouillon, suiker en een snufje zout en peper toe. Breng het geheel aan de kook, zet het vuur laag en laat de saus 10 minuten sudderen. Roer regelmatig. Roer dan de room erdoor. Garneer met basilicum en serveer met de geraspte Parmezaanse kaas.

Romige spinazie-nootmuskaatsaus

Spinazie en room vormen een hemelse combinatie. De maizena helpt de saus wat in te dikken en de nootmuskaat zorgt voor een ongewone smaaknuance.

15 VOOR

20 TIJD

4 PORTIES

stijlvol

500 g **spinazie**, taaie steeltjes verwijderd

25 g **boter**

1 el **olijfolie**

1 **ui**, fijngehakt

2 **teentjes knoflook**, gehakt

2 tl **maizena**

3 dl **slagroom**

versgeraspte **nootmuskaat**

zout en **peper**

versgeraspte **Parmezaanse kaas**, voor erbij (naar keuze)

1 Doe de spinazie in een grote pan met alleen aanhangend water en kook hem in 3-4 minuten op hoog vuur gaar en geslonken. Laat hem goed uitlekken en bewaar het vocht. Zet de spinazie weg. Vul het water aan tot 1,5 dl.

2 Verhit de boter en olie in een grote pan met dikke bodem, voeg de ui toe, dek de pan af en bak de ui onder af en toe roeren 10 minuten zachtjes. Voeg de knoflook toe en bak alles nog 1-2 minuten.

3 Roer de maizena erdoor, voeg het spinazievocht toe en roer alles 1-2 minuten op het vuur, tot het is ingedikt. Voeg de spinazie, de room en een flinke snuf nootmuskaat toe en breng op smaak met zout en peper. Serveer eventueel met Parmezaanse kaas.

Cantharellen-roomssaus

5 dl **groentebouillon** (zie blz. 21)

300 g **wilde paddenstoelen**, zoals cantharellen of morieljes, in dunne plakjes, steeltjes bewaard

15 g **boter**

1 el **olijfolie**

1 bosje **lente-uitjes**, fijngehakt

4 el droge **witte wijn**

3,5 dl **slagroom** of **crème fraîche**

2 el geroosterde **pijnboompitten**

zout en **peper**

VOOR 15

TIJD 25

PORTIES 4

rijk

Wilde paddenstoelen zijn het hoofdingrediënt in deze saus en hebben een intense smaak. Voor een rijk en romig gerecht worden ze gecombineerd met boter, olie, room en wijn… heerlijk!

1 Schenk de bouillon in een pan en breng hem aan de kook. Voeg de paddenstoelensteeltjes toe, dek de pan af en laat de bouillon op matig hoog vuur tot 1,25 dl inkoken. Schenk hem door een zeef en gooi de steeltjes weg.

2 Verhit de boter en olie in een grote pan en voeg de paddenstoelen en lente-uitjes toe. Bak ze al roerend tot het vocht uit de paddenstoelen vrijkomt. Voeg de wijn toe en kook op hoog vuur tot bijna alle vocht is verdampt.

3 Voeg de ingekookte bouillon en de room roe aan het paddenstoelenmengsel. Breng het aan de kook en laat de saus voor de helft inkoken. Breng op smaak met zout en peper. Doe de pijnboompitten in de pan en schep ze door de saus.

Saffraansaus

Saffraan is de duurste specerij ter wereld, maar je hebt er niet veel van nodig want hij heeft een zeer sterke smaak. Deze eenvoudige saus is ideaal voor een doordeweekse maaltijd die net even een tikje speciaal moet zijn.

1 Verhit de boter en room in een kleine pan, voeg de saffraan toe en kook hem er een paar minuten in.

2 Breng op smaak en serveer meteen met Parmezaanse kaas.

5 VOOR

3 TIJD

2 PORTIES

chic

25 g **boter**

1,5 dl **slagroom**

½ tl **saffraandraadjes**

zout en **peper**

75 g **Parmezaanse kaas**, versgeraspt, voor erbij

Alfredosaus

25 g **boter**

1 **ui**, fijngehakt

3 **teentjes knoflook**, fijngehakt

4,5 dl **slagroom**

¼ tl gemalen **nootmuskaat**

50 g **Parmezaanse kaas**, versgeraspt

zout en **peper**

1 el gehakte **peterselie**, ter garnering

10

VOOR

5

TIJD

4

PORTIES

klassiek

Deze klassieke Italiaanse saus moet eigenlijk met fettuccine geserveerd worden. Hij is snel en simpel te bereiden en het geheim zit hem in het gebruik van een Parmezaanse kaas van zeer goede kwaliteit.

1 Smelt de boter in een zeer grote koekenpan. Voeg de ui en knoflook toe en bak ze al roerend 1 minuut op hoog vuur.

2 Verwarm de room in een pan. Schenk hem over het uienmengsel en voeg de nootmuskaat toe. Breng het mengsel aan de kook en breng op smaak met zout en peper naar smaak.

3 Voeg de Parmezaanse kaas toe en roer goed. Garneer met peterselie als de kaas is gesmolten en serveer.

Zuringsaus

Zuring is eigenlijk een ondergewaardeerde en weinig gebruikte groente. Deze saus laat zien hoe lekker zuring is. Serveer hem het liefst met lintpasta.

VOOR 10

TIJD 15

2 PORTIES

kruidig

125 g **zuring**, kern verwijderd en bladeren gehakt

3 dl **groentebouillon** (zie blz. 21)

15 g **boter**

1 el **bloem**

4 el **room**

zout en **peper**

1 Doe de zuring en bouillon in een pan en breng de bouillon aan de kook. Zet het vuur laag en laat de bouillon 5 minuten sudderen. Laat de bouillon met zuring iets afkoelen en pureer hem in een blender.

2 Smelt de boter in een pan, voeg de bloem toe en meng hem op laag vuur al roerend met de boter. Voeg de zuringpuree toe en breng alles al roerend aan de kook. Zet het vuur laag en laat de saus 4 minuten sudderen. Voeg de room toe en breng op smaak met zout en peper.

vegetarisch **141**

Kikkererwten-tahinsaus

2 el **olijfolie**

2 **teentjes knoflook**, geperst

800 g **kikkererwten** uit blik, afgespoeld en uitgelekt, 4 el van het vocht bewaard

2 el **tahin**

2 el fijngehakte **peterselie**, de helft ter garnering

2 el **citroensap**, of naar smaak

3 dl **koud water**

zout en **peper**

VOOR

TIJD

PORTIES

Tahin wordt gemaakt van gemalen sesamzaad en wordt veel gebruikt in de Midden-Oosterse keuken. Probeer deze saus eens met grote conchiglie.

1 Verhit de olie in een pan met zware bodem en bak er de knoflook rustig in tot hij net begint te verkleuren.

2 Voeg de rest van de ingrediënten toe, inclusief het bewaarde kikkererwtenvocht, en breng alles langzaam en al roerend aan de kook. Zet het vuur laag en laat alles 10 minuten sudderen.

3 Doe het kikkererwtenmengsel in een blender en pureer het (of druk het door een zeef). Doe de puree terug in de afgespoelde pan en warm deze door. Als de saus wat te dik is, voeg er dan een paar eetlepels water aan toe tot je de juiste dikte hebt. Breng op smaak met zout en peper, garneer met de rest van de peterselie en serveer.

Courgette-rodepestosaus

Dit is een snel een eenvoudig recept dat je warm en koud kunt serveren. Geef er penne of andere korte pasta bij.

10 VOOR

5 TIJD

4 PORTIES

simpel

6 el **olijfolie**

3 **teentjes knoflook**, in plakjes

1 tl geraspte **citroenschil**

1 **gedroogde rode chilipeper**, zonder zaadjes en gekneusd

500 g **courgettes**, in dunne plakken

1 el gescheurde **basilicumblaadjes**

2-3 el **rode pesto**

peper

1 Verhit 2 eetlepels van de olie in een diepe koekenpan. Voeg de knoflook, het citroenraspsel, de chilipeper en de courgettes toe en bak ze 2-3 minuten, tot de courgettes goudbruin zijn.

2 Voeg de rest van de olie, het basilicum, de rode pesto en veel peper toe. Warm het geheel al roerend door op laag vuur.

Tuinbonen-artisjokken-pesto

10 VOOR

5 TIJD

4 PORTIES

snel

375 g **tuinbonen** uit de diepvries

75 g **gemarineerde geroosterde artisjokken**, grof gehakt

1 **teentje knoflook**, gehakt

15 g **peterselie**, gehakt

1 el **pijnboompitten**

15 g **pecorino**, versgeraspt, plus extra voor erbij

1,5 dl extra vergine **olijfolie**

zout en **peper**

Gemarineerde geroosterde artisjokken worden vaak in pot verkocht. Als je ze niet kunt krijgen, gebruik dan artisjokharten uit blik. Serveer de saus met penne.

1 Kook de tuinbonen 3 minuten in een pan licht gezouten, kokend water. Giet ze af en zet ze weg; bewaar 4 eetlepels van het kookvocht.

2 Doe de artisjokken, knoflook, peterselie en pijnboompitten in een keukenmachine en pureer ze redelijk glad. Doe het mengsel in een kom en roer de pecorino en olie erdoor. Breng op smaak met zout en peper.

3 Doe de tuinbonen terug in de pan, met het artisjokkenmengsel en 4 eetlepels heet water. Warm het geheel al roerend een paar minuten door. Breng op smaak en serveer met geraspte pecorino.

Walnotenpesto genovese

Pesto met aardappels en sperziebonen is een traditioneel recept uit het Italiaanse Ligurië, de streek rond Genua. In deze versie zijn er in plaats van pijnboompitten walnoten gebruikt, die een iets bittere smaak geven.

1 Doe de geperste knoflook in een keukenmachine of blender met de olijfolie en basilicumblaadjes en pureer ze grof. Je kunt ook een vijzel en stamper gebruiken.

2 Voeg de helft van de walnoten, de Parmezaanse kaas en chilivlokken toe en meng alles tot een grove pasta. Breng op smaak met zout en peper.

3 Doe de aardappels in een pan kokend water en kook ze 8-10 minuten, tot ze gaar maar nog wel stevig zijn. Kook in een andere pan de sperziebonen 4-5 minuten.

4 Giet de aardappels en bonen af en doe ze samen in een grote pan. Voeg de pesto toe en schep alles om terwijl het nog warm is. Voeg de rest van de walnoten toe, garneer eventueel met wat extra olijfolie en serveer meteen met geschaafde Parmezaanse kaas.

20 VOOR

10 TIJD

4 PORTIES

hartig

3 **teentjes knoflook**, geperst

1,5 dl extra **vergine olijfolie**, plus extra ter garnering (naar keuze)

50 g **basilicumblaadjes**

125 g **walnoten**, grof gehakt

1 el versgeraspte **Parmezaanse kaas**, plus extra geschaafd voor erbij

snufje **gedroogde chilivlokken**

175 g kleine vastkokende **aardappels**, ongeschild, gehalveerd of in vieren indien groot

125 g **sperziebonen**, afgehaald en gehalveerd

zout en **peper**

Pikante koriander-cashewnotenpesto

50 g **korianderblaadjes**

2 **teentjes knoflook**, grof gehakt

50 g geroosterde **cashewnoten**

1 **groene Spaanse peper**, zonder zaadjes en grof gehakt

1,25 dl **olijfolie**

50 g **Parmezaanse kaas**, versgeraspt

zout en **peper**

VOOR 10

TIJD 0

4 PORTIES

rijk

Je kunt bij deze rijke en romige pesto eigenlijk elke pastasoort gebruiken, maar hij past het best bij lange dunne pasta. Als je weinig tijd hebt, is verse pasta ideaal; die is zo klaar!

1 Pureer de korianderblaadjes met de knoflook, cashewnoten, Spaanse peper en olijfolie in een blender of keukenmachine tot een vrij gladde, romige pasta.

2 Voeg de Parmezaanse kaas toe en pureer nog een paar seconden. Breng op smaak met zout en peper.

Groenepaprika-korianderpesto

Deze smaakvolle saus is een geweldig alternatief voor de traditionele pesto (zie blz. 24). Schep hem om met versgekookte pasta of gebruik hem als pastavulling. Je kunt deze pesto tot 3 dagen in de koelkast bewaren.

1 Verhit 3 eetlepels van de olie in een koekenpan en bak de paprika's er 10-15 minuten rustig in, tot ze beginnen te verkleuren. Roer de suiker erdoor.

2 Doe de paprika's in een keukenmachine met de pijnboompitten, Parmezaanse kaas, knoflook, koriander en peterselie. Pureer ze licht tot een zeer grove pasta. Schraap het mengsel indien nodig van de wanden van de mengkom.

3 Voeg de rest van de olijfolie, het citroensap en wat zout en peper toe en meng alles opnieuw tot een dikke pasta.

10 VOOR

15 TIJD

4 PORTIES

lekker

1 dl extra vergine **olijfolie**

2 **groene paprika's**, zonder zaad en zaadlijsten, grof gehakt

1 tl **basterdsuiker**

75 g **pijnboompitten**

75 g **Parmezaanse kaas**, in plakjes

2 **teentjes knoflook**, geperst

40 g verse **korianderblaadjes**

15 g **bladpeterselie**

1 el **citroensap**

zout en **peper**

Zongedroogde-tomatenpesto met amandelen

100 g **zongedroogde tomaten**

75 g blanke **amandelen**, grof gehakt

2 **teentjes knoflook**, grof gehakt

1,5 dl **olijfolie**

25 g **Parmezaanse kaas**, in plakken

zout en **peper**

VOOR 40

TIJD 5

PORTIES 4

lekker

In dit recept worden gedroogde zongedroogde tomaten gebruikt, maar je kunt ook zongedroogde tomaten in olie nemen. Laat deze eerst uitlekken (je hoeft ze niet te weken) en vervang een deel van de olie dan door de opgevangen olie van de tomaten, als je dat lekker vindt.

1 Doe de tomaten in een kom, zet ze onder kokend water en laat ze 30 minuten weken, tot ze zacht zijn. Doe de amandelen in een droge koekenpan en verhit ze zacht tot ze licht goudbruin beginnen te worden; schud de pan regelmatig.

2 Hak de amandelen fijn in een keukenmachine. Laat de tomaten goed uitlekken en doe met de knoflook, de helft van de olie en de Parmezaanse kaas in de keukenmachine.

3 Meng alles tot een dikke pasta; schraap het mengsel indien nodig van de zijkanten van de mengkom. Voeg de rest van de olie toe en meng alles glad. Breng op smaak met zout en peper. Je kunt deze saus in een afgedekte bak 3-4 dagen in de koelkast bewaren.

Zongedroogde-tomatensaus met koriander

Tomaten en rode wijn vormen samen een rijke, hartige saus die goed samengaat met farfalle.

15 VOOR

20 TIJD

4 PORTIES

hartig

2 el **olijfolie**

1 **ui**, gehakt

2 **teentjes knoflook**, geperst

2 **rode paprika's**, zonder zaad en zaadlijsten, fijngehakt

4 grote **tomaten**, gehakt

400 g **gehakte tomaten met kruiden** uit blik

8 **zongedroogde tomaten** in olie, uitgelekt en in plakjes

1,5 dl **rode wijn**

zout en **peper**

4 el gehakte verse **korianderblaadjes**, ter garnering

1 Verhit de olie in een grote koekenpan. Doe de ui en knoflook erin en bak ze in 3 minuten zacht maar nog niet bruin.

2 Voeg de rode paprika's toe en bak ze nog 3 minuten. Roer alle tomaten en de rode wijn erdoor. Breng aan de kook, zet het vuur laag en laat de saus met deels afgedekte pan 15 minuten sudderen. Breng op smaak met zout en peper en garneer met gehakte koriander.

vegetarisch 149

Prei-walnoot-saus met tofoe

125 g **tofoe**

2 **preien**, gehakt

3 **teentjes knoflook**, gehakt

125 g **doperwten** uit de diepvries

8 **champignons**, in plakjes

50 g gedopte **walnoten**, gehakt

1 **laurierblaadje**

1 tl gehakte **tijm**

5 dl **melk**

1 dessertlepel **maizena**

sap van 1 limoen

2 tl gehakte verse **korianderblaadjes**

peper

VOOR 15

TIJD 15

PORTIES 4

hartig

De tofoe maakt de saus wat dikker en geeft hem extra eiwitten, die belangrijk zijn in een vegetarisch dieet.

1 Doe de tofoe, prei, knoflook, doperwten, champignons, walnoten, laurier, tijm en melk in een grote pan. Breng ze aan de kook, zet het vuur laag en laat alles 10 minuten sudderen.

2 Doe de maizena in een kommetje, voeg het limoensap toe en roer ze samen tot een glad papje.

3 Haal de saus van de het vuur en roer het maizenamengsel erdoor tot de saus indikt. Roer de koriander en zwarte peper naar smaak erdoor en serveer.

Prei-peper-saus

Groene peperkorrels komen van dezelfde plant als zwarte peperkorrels, alleen ze worden eerder geplukt. Hun smaak is minder intens, waardoor ze ideaal zijn voor gebruik in grotere hoeveelheden in een saus.

1 Verhit de olie in een grote koekenpan en bak de prei er met de peperkorrels 3-4 minuten zachtjes in, tot de prei net gaar is.

2 Roer de peterselie en room erdoor en warm alles goed door. Breng op smaak met zout en peper en serveer met Parmezaanse kaas.

15 VOOR

5 TIJD

4 PORTIES

rijk

3 el **olijfolie**

750 g **prei**, in de lengte doormidden en in zeer dunne reepjes

2 tl **groene peperkorrels**, geplet

3 el gehakte **bladpeterselie**

3 dl **slagroom**

zout en **peper**

4 el versgeraspte **Parmezaanse kaas**

vegetarisch **151**

Gladde groentesaus

2 tl **olijfolie**

1 kleine **ui**, fijngehakt

1 klein **teentje knoflook**, geperst

100 g **wortel**, in blokjes

250 g **gemengde schoongemaakte groenten**, zoals rode paprika, courgette, sperziebonen, champignons of pompoen, in blokjes

200 g **tomaten** uit blik

flinke snuf **gedroogde majoraan** of **oregano**

versgeraspte **Parmezaanse kaas**, voor erbij

20 VOOR

15 TIJD

2 PORTIES

lekker

Je kunt de groenten in dit recept variëren naar wat je in de koelkast hebt. Breng de saus op smaak met een paar takjes verse kruiden, zoals basilicum of majoraan, of een mix van kruiden.

1 Verhit de olie in een grote pan. Voeg de ui toe en bak hem in 4-5 minuten onder af en toe roeren lichtbruin. Voeg de knoflook en groenten toe en bak nog 2 minuten.

2 Roer de tomaten met hun sap erdoor. Breng alles aan de kook en trek de tomaten met een lepel uit elkaar. Zet het vuur laag en laat de saus zonder deksel 5 minuten sudderen; roer af en toe.

3 Pureer de saus in een blender of keukenmachine glad. Doe hem terug in de pan. Breng op smaak met zout en peper en warm hem op indien nodig. Serveer met Parmezaanse kaas.

Calaloosaus

Calaloo is een soort Caribische spinazie die te verkrijgen is in winkels met Caribische producten, meestal in blik. Als je geen calaloo kunt vinden, kun je ook gewone verse spinazie gebruiken.

1 Verhit de olijfolie in een pan en bak de sjalotjes er goudbruin in. Voeg de calaloo toe en roer tot hij heet is.

2 Zet het vuur laag, voeg de kokosroom beetje bij beetje toe en daarna het bouillonpoeder, de knoflook en het basilicum. Voeg al roerend de wijn toe. Breng op smaak met zout en peper en garneer met basilicum.

5
VOOR

10
TIJD

2
PORTIES

exotisch

1 el **olijfolie**

2 **sjalotjes**, gehakt

275 g **calaloo** uit blik, uitgelekt, of 250 g **spinazie**, gehakt

6 el **kokosroom**

2 tl **bouillonpoeder**

1 **teentje knoflook**, geperst

4 **basilicumblaadjes**, gehakt, plus extra hele blaadjes, ter garnering

4 el droge **witte wijn**, of een mengsel van half **citroensap**, half **water**

zout en **peper**

Gemengde-bonensaus

1 kleine **ui**, fijngehakt

185 g **pimiento's** uit blik, uitgelekt en in dunne repen

400 g **gehakte tomaten met kruiden** uit blik

425 g **gemengde-bonensalade** uit blik, uitgelekt

1 tl **tomatenpuree**

2 el gehakte **peterselie**

zout en **peper**

takjes **kervel**, ter garnering

VOOR 5

TIJD 25

PORTIES 4

hartig

Gemengdebonensalade is een combinatie van groene, rode kindey-, zwartogen-, borlotti- en cannellinibonen met kikkererwten, mais en rode paprika. Het is een heerlijke basis voor een hartige pastasaus.

1 Verhit een koekenpan met dikke bodem en bak de ui al roerend 3-6 minuten in de droge pan.

2 Voeg de pimiento's toe en bak ze 1-2 minuten mee. Voeg de tomaten en hun sap, de bonen en de tomatenpuree toe. Breng alles aan de kook, roer goed, zet het vuur laag en laat alles 15 minuten sudderen.

3 Roer de helft van de peterselie door de bonensaus. Breng op smaak met zout en peper, garneer met de rest van de peterselie en de kervel en serveer.

Italiaanse groentesaus

Dit is een geweldige saus voor in de zomer, wanneer er volop verse groenten zijn. Serveer deze saus op een bord pasta of gebruik hem als groentelaag in een lasagne of een ander pastaovengerecht.

1 Verhit de olie in een grote pan, voeg de ui, paprika's, bleekselderij en courgette toe en bak ze al roerend 2 minuten, tot ze bijna gaar zijn.

2 Roer de tomaten, spinazie, bouillon en suiker erdoor. Breng aan de kook, zet het vuur laag en laat de saus 10 minuten sudderen, tot hij is ingekookt en ingedikt. Breng op smaak met zout en peper.

15 VOOR

15 TIJD

4 PORTIES

hartig

1 el **olijfolie**

1 **ui**, fijngehakt

1 **rode paprika**, zonder zaad en zaadlijsten, fijngehakt

1 **gele paprika**, zonder zaad en zaadlijsten, fijngehakt

2 stengels **bleekselderij**, fijngehakt

1 **courgette**, fijngehakt

4 **tomaten**, ontveld (zie blz. 16), zonder zaadjes en gehakt

250 g **spinazie**, taaie steeltjes verwijderd, gehakt

1,5 dl **groentebouillon** (zie blz. 21)

1 tl **basterdsuiker**

zout en **peper**

Kruiden-knoflook-saus

2 el **olijfolie**

1 **ui**, fijngehakt

4 **teentjes knoflook**, geperst

2 **rode paprika's**, zonder zaad en zaadlijsten, in dunne repen

1 el gehakt **basilicum**

1 el gehakte **oregano**

1 el gehakte **peterselie**

3 dl **slagroom**

zout en **peper**

1 el gescheurde **gemengde kruiden**, ter garnering

versgeschaafde **Parmezaanse kaas**, voor erbij (naar keuze)

VOOR 15

TIJD 8

PORTIES 4

kruidig

Er kan niet veel tegen de smaak van verse kruiden op en deze saus maakt goed gebruik van dat gegeven. De frisse smaak van de peterselie, de typisch Italiaanse geur en smaak van basilicum en de intense smaak van oregano doen het geweldig samen.

1 Verhit de olijfolie in een grote koekenpan. Voeg de ui, knoflook en rode paprika's toe en bak het mengsel op matig vuur 3-5 minuten, tot de ui zacht maar nog niet bruin is.

2 Strooi de gehakte kruiden erover en roer de room erdoor. Breng het mengsel aan de kook, zet het vuur laag en laat de saus 1 minuut sudderen. Breng op smaak met zout en peper, garneer met de gescheurde gemengde kruiden en serveer met geschaafde Parmezaanse kaas.

Amandel-
peterselie-
pesto

Pesto is een klassieke Italiaanse saus, meestal gemaakt van pijnboompitten en basilicum. Hier zijn voor de verandering amandelen en peterselie gebruikt.

1 Verspreid de amandelen over een bakplaat en leg ze 2-3 minuten onder een voorverwarmde grill, tot ze geroosterd en goudbruin zijn (je zult er misschien een ter controle open moeten breken). Keer ze regelmatig.

2 Doe de helft van de geroosterde amandelen in een blender of keukenmachine met de knoflook, Parmezaanse kaas, peterselie, olijfolie, ricotta en zout en peper en meng ze tot een gladde pasta. Schraap het mengsel indien nodig van de zijkanten van de mengkom. Hak de rest van de amandelen grof en roer ze door de pesto.

VOOR

TIJD

PORTIES

notig

125 g hele **amandelen**

1 **teentje knoflook**, geperst

2 el versgeraspte **Parmezaanse kaas**

50 g **peterselie**, grof gehakt

2 dl extra vergine **olijfolie**

2 el **ricotta**

zout en **peper**

Champignon-pepersaus

1½ el **zonnebloemolie**

1 **ui**, in ringen

625 g grote **champignons**, in plakjes

1-2 tl **groene peperkorrels** in pekel, uitgelekt

1 el **sojasaus**

2 el **slagroom**

2 el **pijnboompitten**

zout

1 el gehakte **peterselie**, ter garnering

25 VOOR

30 TIJD

4 PORTIES

notig

Pijnboompitten, het hoofdingrediënt van pesto, worden hier heel gebruikt. Door ze eerst te roosteren zorg je ervoor dat de notige smaken vrijkomen. Serveer deze saus met fusilli of andere gedroogde pastasoorten.

1 Verhit 1 eetlepel zonnebloemolie in een grote pan. Voeg de ui toe en bak hem 5 minuten. Voeg de champignons toe en bak ze een paar minuten, tot ze wat zacht zijn.

2 Doe de peperkorrels, sojasaus, 3 eetlepels water en wat zout erbij. Breng alles aan de kook, dek de pan af, zet het vuur laag en laat de saus 15 minuten sudderen. Haal het deksel van de pan en laat de saus nog flink koken om wat vloeistof te laten verdampen.

3 Schenk het champignonmengsel in een keukenmachine of blender en vermaal het enkele seconden (de champignons moeten wel enige substantie houden). Doe het mengsel terug in de afgespoelde pan en roer de room erdoor.

4 Verhit de rest van de olie in een pan en bak de pijnboompitten in circa 30 seconden goudbruin. Laat ze uitlekken op keukenpapier en zet ze weg.

5 Warm de champignonsaus op zonder hem te laten koken. Garneer met de pijnboompitten en gehakte peterselie.

Asperge-champignon-saus

Bewaar dit recept voor het aspergeseizoen. Om de aspergepunten te scheiden van de houtige uiteinden buig je de asperges gewoon en ze zullen op het natuurlijk punt breken. Serveer er verse tagliatelle bij.

1 Smelt de boter in een grote koekenpan en voeg de asperges, champignons en gember toe. Schep ze voorzichtig om en bak ze zachtjes 5-8 minuten zonder ze bruin te laten worden.

2 Voeg de dragon en slagroom of crème fraîche toe. Breng op smaak met zout en peper. Roer voorzichtig, breng aan de kook, zet het vuur laag en laat de saus 5 minuten sudderen. Garneer met wat reepjes citroenschil en eventueel takjes peterselie.

10 VOOR

15 TIJD

4 PORTIES

vers

25 g **boter**

250 g verse **aspergepunten**, in stukken van 2,5 cm, geblancheerd

125 g **kastanjechampignons**, in plakjes

stukje verse **gemberwortel** van 2,5 cm, geschild en geraspt

1 el gehakte **dragon**

2,5 dl **slagroom** of **crème fraîche**

zout en **peper**

GARNERING:

reepjes **citroenschil**

takjes **peterselie** (naar keuze)

Pikante aubergine-tomatensaus

- 8 el **olijfolie**
- 1 grote **aubergine**, in blokjes van 1 cm
- 2 **teentjes knoflook**, fijngehakt
- 1 **Spaanse peper**, zonder zaadjes en fijngehakt
- 800 g **gehakte tomaten** uit blik
- **zout** en **peper**
- 3 el gehakte **bladpeterselie**
- versgeraspte **Parmezaanse kaas**, voor erbij

15 VOOR

40 TIJD

4 PORTIES

lekker

Deze saus moet heel lang sudderen om in te koken en de smaken intenser te maken. Geef er fusilli lunghi of fettuccine bij.

1 Verhit de olie in een grote pan en bak de aubergine 5 minuten op laag vuur. Roer de knoflook en Spaanse peper erdoor en bak alles tot de knoflook begint te verkleuren.

2 Roer de tomaten en peterselie erdoor. Breng alles aan de kook, zet het vuur laag en laat de saus 30 minuten sudderen. Breng op smaak met zout en peper en strooi er Parmezaanse kaas over.

Mediterrane groentesaus

Dit is een van de geweldige sauzen die je heel makkelijk kunt aanpassen als je eens iets nieuws wilt proberen. Voeg maar toe wat je wilt, bonen uit blik, ontpitte olijven, walnoten – bijna alles is mogelijk!

1 Doe alle ingrediënten in een pan en breng ze aan de kook. Zet het vuur laag en laat de saus 15 minuten zonder deksel sudderen.

2 Schenk de saus in een blender of keukenmachine en pureer hem glad. Serveer er Parmezaanse kaas bij.

10 VOOR

15 TIJD

4 PORTIES

rijk

400 g gehakte **tomaten** uit blik

1 **ui**, gehakt

1 **teentje knoflook**, geperst

2 el gehakt **basilicum**

1 tl gedroogde **rozemarijn**

1 glas **rode wijn**

versgeraspte **Parmezaanse kaas**, voor erbij

Sugo di pomodoro

3 el **olijfolie**

2 **uien**, gehakt

2 **teentjes knoflook**, geperst

500 g **pruimtomaten**, ontveld (zie blz. 16) en gehakt

2 el **tomatenpuree**

1 tl **basterdsuiker**

1,25 dl droge **witte wijn**

enkele rijpe **olijven**, ontpit en in vieren

2-3 el gescheurde **basilicumblaadjes**

zout en **peper**

50 g geschaafde **Parmezaanse kaas**, voor erbij

10 VOOR

20 TIJD

4 PORTIES

klassiek

Pruimtomaten en olijven geven een heerlijke, rijke saus. Knoflook, basilicum en Parmezaanse kaas maken het setje klassieke Italiaanse ingrediënten compleet. Zoals altijd hangt ook hier het succes van de saus af van de kwaliteit van de ingrediënten.

1 Verhit de olijfolie in een grote koekenpan. Bak de uien en knoflook er op laag vuur zachtjes in, tot ze zacht en iets verkleurd zijn.

2 Voeg de tomaten en tomatenpuree toe met de suiker en de witte wijn. Roer goed. Kook het mengsel op laag vuur tot het dik en ingekookt is. Roer de olijven en basilicumblaadjes erdoor en breng op smaak met zout en veel peper. Serveer met geschaafde Parmezaanse kaas.

Groentebolognese met linzen

Deze smakelijke vleesvrije versie van de klassieke bolognesesaus is gegarandeerd een succes, zowel onder vegetariërs als onder niet-vegetariërs!

15 VOOR

30 TIJD

4 PORTIES

hartig

75 g **Puylinzen**, afgespoeld

1 el **olijfolie**

1 **ui**, fijngehakt

1 **teentje knoflook**, geperst

2 kleine **wortels**, in blokjes

2 kleine **courgettes**, in blokjes

50 g **champignons**, in plakjes

400 g gehakte **tomaten** uit blik

1,5 dl **groentebouillon** (zie blz. 21)

2 el **tomatenpuree**

3 el gehakte **verse majoraan** of ¾ tl **gedroogde majoraan**

zout en **peper**

versgeraspte **Parmezaanse kaas**, voor erbij

1 Doe de linzen in een pan, zet ze onder ruim koud water en breng dat aan de kook. Zet het vuur laag en laat de linzen in 30 minuten zonder deksel gaar sudderen. Giet ze af en zet ze weg.

2 Verhit intussen de olie in een pan. Bak de ui, knoflook en wortels er 4-5 minuten in, tot ze licht verkleurd zijn; roer af en toe. Voeg de courgettes en champignons toe en bak ze 2 minuten. Roer de tomaten, bouillon, tomatenpuree en majoraan erdoor.

3 Breng de saus aan de kook, dek de pan af en laat 5 minuten sudderen, onder af en toe roeren. Breng op smaak met zout en peper. Roer de afgegoten linzen erdoor en serveer met Parmezaanse kaas.

Tomaten-knoflook-saus

3 el **olijfolie**

1 kg **pruimtomaten**, ontveld (zie blz. 16) en gehakt

4 **teentjes knoflook**, fijngehakt

½ tl **gedroogde oregano**

1 el gehakte **peterselie**

zout en **peper**

versgeraspte **Parmezaanse kaas**, voor erbij

15 VOOR

25 TIJD

4-6 PORTIES

simpel

Nog zo'n eenvoudig gerecht van ruim verkrijgbare basisingrediënten. Serveer deze saus met linguine of spaghetti.

1 Verhit de olie in een koekenpan en bak de tomaten en knoflook op matig vuur 20 minuten zachtjes, tot ze zijn ingedikt.

2 Voeg de oregano, peterselie en zout en peper naar smaak toe en verhit alles nog enkele minuten.

Pittige tomatensaus

Gekneusde chilipepers geven een pastasaus een vurige kick. Je kunt er zo veel of zo weinig van toevoegen als je wilt.

10 VOOR

15 TIJD

4 PORTIES

pittig

3 el **olijfolie**

1 **ui**, gehakt

2 **teentjes knoflook**, gehakt

2 snufjes gekneusde **gedroogde chilipeper**, of naar smaak

10 rijpe **pruimtomaten**, ontveld (zie blz. 16), zonder zaadjes en in stukjes

1 tl **basterdsuiker**

1 tl **azijn**

handvol **bladpeterselie**, gehakt

zout en **peper**

75 g **Parmezaanse kaas**, versgeraspt, voor erbij

1 Verhit de olie in een pan, voeg de ui en knoflook toe en bak ze zacht maar niet bruin. Voeg de chilipepers en tomaten toe.

2 Zet het vuur laag en voeg de suiker en azijn toe. Meng voorzichtig, breng het geheel aan de kook, zet het vuur laag en laat de saus 10 minuten sudderen. Breng op smaak met zout en peper.

3 Roer de peterselie door de saus en serveer met Parmezaanse kaas.

vis en zeevruchten

Champignon-citroen-ansjovissaus

25 VOOR

10 TIJD

6 PORTIES

vers

Ansjovis heeft een verrukkelijk volle, zoutige smaak. De filets smelten in de saus, waardoor de smaakessentie in de hele saus gaat zitten.

6 dl **melk**

1 **wortel**

1 **ui**, 2 kruidnagels erin gestoken

1 stengel **bleekselderij**

50 g **boter**

175 g **champignons**, in plakjes

75 g **bloem**

3 dl **kippenbouillon** (zie blz. 19)

2 el **citroensap**

50 g **ansjovisfilets** in olie, uitgelekt en gehakt

40 g **cheddar**, geraspt

zout en **peper**

1 Doe de melk, wortel, ui en bleekselderij in een pan en breng ze aan de kook. Haal de pan van het vuur en laat de ingrediënten 15 minuten in de melk trekken. Zeef de melk.

2 Smelt de boter in een koekenpan en bak de champignons 3-4 minuten. Voeg dan de bloem toe. Bak die 2 minuten mee en roer dan de bouillon, het citroensap en de melk erdoor. Breng het geheel al roerend aan de kook, zet het vuur laag en laat de saus 3-4 minuten sudderen.

3 Roer de ansjovis door de saus met de cheddar. Breng op smaak met zout en peper en verwarm de saus opnieuw.

Aubergine-paprika-olijvensaus

Deze grove, smaakvolle saus gaat uitstekend samen met spaghetti of linguine. De rode wijn geeft een rijke toets. Kies een stevige Italiaanse wijn voor een optimaal effect.

1 Verhit de olie in een grote pan en bak de ui circa 3 minuten zachtjes. Voeg de tomaten, tomatenpuree, rode wijn, aubergine, paprika's, ansjovisfilets en knoflook toe.

2 Breng het geheel aan de kook, zet het vuur laag en laat de saus 20 minuten sudderen. Voeg de olijven toe en breng op smaak met zout en peper.

20 VOOR

25 TIJD

4 PORTIES

stevig

- 4 el **olijfolie**
- 1 **ui**, fijngehakt
- 400 g gehakte **tomaten** uit blik
- 2 el **tomatenpuree**
- 1,5 dl **rode wijn**
- 1 grote **aubergine**, gehakt
- 1 grote **rode paprika**, zonder zaad en zaadlijsten, in kleine blokjes
- 1 grote **groene paprika**, zonder zaad en zaadlijsten, in kleine blokjes
- 8 **ansjovisfilets** in olie, uitgelekt en gehakt
- 1 **teentje knoflook**, geperst
- 75 g ontpitte **zwarte olijven**
- **zout** en peper

Olijven-kappertjes-tapenade

100 g ontpitte **zwarte olijven**

4 el **kappertjes**, afgespoeld en uitgelekt

50 g **zongedroogde tomaten** in olie, uitgelekt

6 **ansjovisfilets** in olie, uitgelekt

1 tl **venkelzaad**, licht gekneusd

kleine handvol **bladpeterselie**, grof gehakt

kleine handvol **basilicum**, grof gehakt

1,5 dl **olijfolie**

zout en **peper**

versgeraspte **Parmezaanse kaas**, voor erbij (naar keuze)

15
VOOR

0
TIJD

4
PORTIES

simpel

Deze tapenade vol smaak verandert in een heerlijke pastasaus als je hem door versgekookte pasta roert. Het recept leent zich uitstekend voor bereiding vooraf en je kunt de tapenade in de diepvries bewaren voor als je een keer snel een gerecht op tafel wilt zetten. Van wat er overblijft kun je lekkere crostini maken.

1 Doe de olijven, kappertjes, tomaten, ansjovisfilets en het venkelzaad in een keukenmachine of blender en meng ze tot een pasta. Schraap indien nodig het mengsel van de zijkanten van de mengkom.

2 Voeg de peterselie, het basilicum, de olie en wat zout en peper toe en meng alles kort tot de kruiden fijngehakt en alle ingrediënten gemengd zijn. Serveer eventueel met Parmezaanse kaas.

Hete jalapeño-tapenade

Dit is een variant op de traditionele tapenade, met toevoeging van hete pepertjes en specerijen, gemengd tot een grove pastasaus. Je kunt de tapenade rustig een paar minuten verwarmen in een pannetje en hem daarna omscheppen met de pasta.

1 Verhit het komijn- en korianderzaad op laag vuur in een kleine droge koekenpan om ze licht te roosteren.

2 Doe het zaad in een keukenmachine en voeg de olijven, kappertjes, ansjovisfilets en olie, knoflook, peterselie en pepers toe.

3 Verwerk alles licht tot de ingrediënten zich beginnen te mengen. Voeg de olie toe en meng alles tot een grove pasta.

15
VOOR

2
TIJD

4
PORTIES

pittig

1 tl gekneusd **komijnzaad**

1 tl gekneusd **korianderzaad**

150 g ontpitte **zwarte olijven**

25 g **kappertjes**, afgespoeld en uitgelekt

50 g **ansjovisfilets** in olie uit blik, uitgelekt

1 **teentje knoflook**, gehakt

kleine handvol **bladpeterselie**

15 g rode **jalapeñopepers** op zoete azijn, uitgelekt

1,25 dl **olijfolie**

vis en zeevruchten

Geroosterde-paprika-ansjovissaus

1 **gele paprika**

1 **rode paprika**

5 **ansjovisfilets** in olie, uitgelekt

2 el **melk**

2,5 dl **groentebouillon** (zie blz. 21)

2 **teentjes knoflook**

1,25 dl **zonnebloemolie**

3 el droge **witte wijn**

1 el **tomatenpuree**

zout en **peper**

1 el gehakte **peterselie**, ter garnering

25 VOOR

50 TIJD

4 PORTIES

feest

De ansjovisfilets worden geweekt in melk zodat ze wat minder zout worden. Anders zouden ze te overheersend zijn in deze subtiele saus. Serveer bij deze saus kleine penne.

1 Leg de paprika's op een ingevette bakplaat. Zet ze in een op 220 °C voorverwarmde oven, keer ze regelmatig, tot het vel geblakerd is en blazen vertoont. Haal ze uit de oven en trek voorzichtig het vel eraf. Verwijder stelen, zaad en zaadlijsten, vang eventuele sappen op in een kom. Snijd de paprika's in lange, dunne repen.

2 Laat intussen de ansjovis 15 minuten weken in de melk om ze minder zout te maken. Laat ze uitlekken, hak ze fijn en zet ze weg. Verhit de bouillon in een pan.

3 Haal de knoflook en ansjovis door een gehaktmolen of gebruik een keukenmachine om ze te mengen en hakken. Verhit de olie in een grote pan, voeg het ansjovismengsel toe en bak het op laag vuur tot het helemaal zacht is. Voeg de paprikarepen toe, roer en houd het geheel vochtig met het opgevangen sap.

4 Breng licht op smaak, schenk de wijn erbij en laat deze langzaam verdampen. Roer de tomatenpuree door de hete bouillon en voeg het mengsel toe. Laat de saus 10 minuten sudderen. Garneer met peterselie.

Ansjovis-oregano-saus

Dit is een heel snel en eenvoudig recept met ansjovis als hoofdingrediënt. De sterke smaak van oregano geeft de saus nog een andere dimensie. De Parmezaanse kaas zorgt voor een romige afwerking.

1 Verhit de olie in een kleine pan, voeg de knoflook toe en bak hem in 5 minuten rustig goudbruin.

2 Zet het vuur heel laag, roer de ansjovis door de knoflook en bak hem 10 minuten zachtjes, tot hij helemaal uit elkaar is gevallen.

3 Roer de oregano en peper naar smaak erdoor. Garneer met peterselie en serveer meteen met Parmezaanse kaas.

8 VOOR

15 TIJD

2 PORTIES

snel

1 el **olijfolie**

2 **teentjes knoflook**, fijngehakt

50 g **ansjovisfilets** in olie, uitgelekt en gehakt

2 tl **oregano**, fijngehakt

peper

3 el gehakte **peterselie**, ter garnering

versgeraspte **Parmezaanse kaas**, voor erbij

Ansjovis-olijvensaus

VOOR 10

TIJD 5

PORTIES 2

- 25 g **boter**
- 6 **ansjovisfilets** in olie, uitgelekt en gehakt
- 1 el **tomatenpuree**
- 1 el **olijvenpasta**
- 6 ontpitte **zwarte olijven**, gehakt
- **peper**
- handvol **basilicumblaadjes**, gescheurd, ter garnering
- versgeraspte **Parmezaanse** kaas, voor erbij

De combinatie van olijven en ansjovis in deze saus is fantastisch. Beide hebben een zoute smaak en vullen elkaar daarin heel goed aan zonder hun eigen identiteit te verliezen. Deze saus is lekker met fusilli.

1 Smelt de boter in een grote pan. Voeg de ansjovisfilets, tomatenpuree, olijvenpasta en olijven toe. Roer op het vuur tot het mengsel begint te sissen.

2 Breng de saus op smaak met peper, garneer met basilicum en serveer met Parmezaanse kaas.

Venusschelpen-tomatensaus

VOOR 20

TIJD 20

Verse venusschelpen in tomatensaus zijn een variatie op de klassieke vongolesaus (zie blz. 42). Verse venusschelpen zijn lang niet altijd verkrijgbaar, dus grijp je kans als ze er zijn!

1 kg verse **venusschelpen**

4 el **olijfolie**

3 **teentjes knoflook**, geperst

¼ tl gekneusde **gedroogde chilipepers**

1,5 dl droge **witte wijn**

800 g **tomaten** uit blik

1 tl **basterdsuiker**

kleine handvol **bladpeterselie**, gehakt

fijn geraspte **schil en sap van** ½ **citroen**

zout en **peper**

1 Boen de schelpen schoon en gooi exemplaren weg die beschadigd zijn of niet opengaan als je er met een mes op tikt.

2 Verhit de olie in een grote pan met dikke bodem. Voeg de knoflook en chilipepers toe en bak ze 1 minuut zachtjes. Voeg de wijn toe en laat deze 2 minuten bubbelen; doe dan de tomaten en suiker erbij. Breng de saus aan de kook en kook hem 8-10 minuten, tot hij goed is ingedikt. Trek de tomaten met een houten lepel uit elkaar.

4 PORTIES

stijlvol

3 Doe de venusschelpen in de pan, doe een deksel op de pan en kook het geheel 3-5 minuten, tot de schelpen open zijn. Haal met een schuimspaan ongeveer twee derde van de schelpen uit de pan en haal de schelpdieren uit hun schelp. Gooi de schelpen die niet open zijn gegaan weg. Doe de schelpdieren terug in de pan met de peterselie, citroenschil en het -sap en zout en peper naar smaak. Verhit de saus nog 2 minuten.

2 kg verse **mosselen**

3 el **olijfolie**

1 **ui**, fijngehakt

2 **teentjes knoflook**, in plakjes

750 g **tomaten**, ontveld (zie blz. 16) en gehakt

zout en **peper**

bladpeterselie, ter garnering

VOOR

TIJD

PORTIES

Mossel-tomaten-saus

Deze saus gaat het best samen met spaghetti, maar je kunt ook linguine nemen. Er zijn maar een paar eenvoudige ingrediënten, om nog een extra smaakdimensie aan de mosselen te geven. Dat is kenmerkend voor de Italiaanse keuken.

1 Maak eerst de mosselen klaar. Doe ze in een kom met koud water. Gooi mosselen die open blijven als je erop tikt weg. Boen de schelpen schoon en verwijder de baarden. Laat ze tot het koken in vers koud water weken.

2 Verhit de olijfolie in een pan. Bak de ui er in 5 minuten zacht in. Roer de knoflook erdoor en dan de tomaten. Breng het geheel aan de kook, zet het vuur laag en laat alles 30 minuten sudderen, tot de tomaten tot moes zijn gekookt.

3 Doe intussen de mosselen in een grote pan met 1,5 dl water. Laat dat 5-6 minuten flink koken, tot de schelpen open zijn. Gooi mosselen die niet open zijn gegaan weg.

4 Haal de mosselen van het vuur en giet ze af. Laat een paar mosselen in de schelp voor de garnering. Haal de rest uit de schelpen en zet ze apart.

5 Breng op smaak met zout en peper, voeg de mosselen toe en warm alles al roerend goed door. Garneer met de bewaarde mosselen in de schelp en bladpeterselie.

Mossel-saffraan-saus

De luxueuze saffraan gaat heel goed samen met room en dit is een geweldig recept voor een feestelijk etentje, omdat het subtiel en ongebruikelijk is. Sjalotjes hebben een zoetere smaak dan uien en zijn dus heel geschikt.

1 Laat de saffraan 5 minuten weken in 2 eetlepels heet water.

2 Doe de mosselen in een grote pan met de witte wijn en de sjalotjes. Laat alles 5-6 minuten flink koken, tot de schelpen open zijn. Schud de pan af en toe. Gooi mosselen die niet open zijn gegaan weg. Laat 5 minuten staan.

3 Schenk het kookvocht door een koffiefilter in een schone pan. Laat het tot circa 1,5 dl inkoken. Haal de mosselen uit de schelp en houd ze warm.

4 Voeg de room en de saffraan met zijn weekvocht toe aan het mosselkookvocht. Breng het geheel aan de kook, zet het vuur laag en laat de saus 5 minuten al sudderend indikken. Breng op smaak met zout en peper.

45 VOOR

25 TIJD

4 PORTIES

chic

flinke snuf **saffraandraadjes**

2 l **mosselen**, schoongeboend en baarden verwijderd (zie blz. 176)

1,75 dl droge **witte wijn**

2 **sjalotjes**, fijngehakt

1,5 dl **slagroom**

zout en **peper**

Kreeftensaus

3 kleine levende **kreeften** of **kreeftenstaarten** à 400 g

3 el **olijfolie**

2-3 **teentjes knoflook**, gehakt

flinke snuf gekneusde **gedroogde chilipepers**

1 glas droge **witte wijn**

1 el gehakte **peterselie**, plus extra ter garnering

zout en **peper**

VOOR

TIJD

PORTIES

Als je geen kleine kreeften kunt krijgen, kun je ook hetzelfde gewicht aan langoestines nemen. Eet de kreeften met je handen, zo uit de schaal – het uitzuigen van de schaal is al de helft van het plezier.

1 Breng een grote pan gezouten water aan de kook. Laat er één kreeft in zakken, zet het vuur laag en laat de kreeft 12 minuten sudderen. Laat hem afkoelen en haal het vlees uit de schaal.

2 Snijd de overige kreeften met een scherp mes in de lengte doormidden en verwijder de maagzakken. Hak de kreeften dan in grote stukken, kop, poten etc.

3 Verhit de olie in een grote koekenpan, voeg de knoflook, chilipepers en gehakte kreeft toe. Bak alles een paar minuten en voeg dan de wijn toe. Breng deze aan de kook en voeg het gekookte kreeftenvlees toe. Roer de peterselie erdoor en warm alles goed door. Breng op smaak met zout en peper en garneer met de extra peterselie.

Romige krab-artisjoksaus

De ongebruikelijke combinatie van artisjokharten en krab in een roomsaus maakt dit tot een geweldig gerecht voor speciale gelegenheden. Geef er verse linguine bij.

1 Schenk de room in een pan en laat hem tot 3,5 dl inkoken. Voeg wat van de boter toe en dan de artisjokharten en lente-uitjes. Bak alles 2-3 minuten. Voeg de helft van de Parmezaanse kaas en het krabbenvlees toe en warm ze goed door.

2 Breng op smaak met zout en peper, garneer met peterselie en serveer met de rest van de Parmezaanse kaas.

10 VOOR

10 TIJD

4 PORTIES

rijk

7,5 dl **slagroom**

50 g zachte **boter**

125 g **artisjokharten** uit blik, uitgelekt en gehalveerd

3 **lente-uitjes**, in stukjes van 2,5 cm

50 g **Parmezaanse kaas**, versgeraspt

250 g gekookt **krabbenvlees**

zout en **peper**

bladpeterselie, ter garnering

Krab-citroen-saus

1 tl **olijfolie**

4 **teentjes knoflook**, in dunne plakjes

3,75 dl magere **gecondenseerde melk**

fijn geraspte **schil van** 2 **citroenen**

4 tl **dijonmosterd**

1 tl **maizena**

50 ml **water**

200 g **krabbenvlees**, uit elkaar getrokken

peper

VOOR **12**

TIJD **7**

4 PORTIES

fris

Als je wel in bent voor een culinair avontuurtje, koop dan een hele krab en haal daar je krabbenvlees uit. Het vergt enige oefening maar het resultaat is de moeite waard. Serveer bij deze saus engelenhaarpasta.

1 Verhit de olie in een pan. Bak de knoflook er op laag vuur in 2 minuten goudbruin in. Haal de knoflook uit de pan en zet hem weg.

2 Voeg de gecondenseerde melk, citroenschil en mosterd toe. Breng alles langzaam aan de kook, zet het vuur laag en laat het geheel 2 minuten sudderen.

3 Doe de maizena in een kommetje en er roer het water erdoor tot je een glad papje hebt. Roer het door het melkmengsel. Blijf roeren op matig vuur tot het mengsel kookt en indikt.

4 Voeg het krabbenvlees en de gebakken knoflook toe en breng op smaak met zout en peper.

Pikante krabsaus

Zoete krab en sjalotjes worden hier gecombineerd met hete chilipepers en room tot een decadente, rijke en dikke pastasaus. Serveer hem met tagliatelle of spaghetti.

VOOR 5

TIJD 10

PORTIES 4

feest

2 el **olijfolie**

2 **sjalotjes**, gehakt

200 g **krabbenvlees**

1-2 snufjes gekneusde **gedroogde chilivlokken**

geraspte **schil en sap van 1 citroen**

4 el **slagroom**

handvol **bieslook**, geknipt

zout en **peper**

75 g **Parmezaanse kaas**, versgeraspt, voor erbij

1 Verhit de olijfolie in een pan, voeg de sjalotjes toe en bak ze rustig tot ze zacht maar nog niet bruin zijn.

2 Voeg het krabbenvlees, de chilipepers, de citroenschil en het -sap toe en breng op smaak met zout en peper.

3 Voeg de room toe aan het krabmengsel en breng het aan de kook. Voeg dan het bieslook toe. Serveer met een kommetje Parmezaanse kaas.

Sint-jakobs-schelpensaus met venkel

8 el **olijfolie**

2 **teentjes knoflook**, fijngehakt

2 **venkelknollen**, schoongemaakt en in dunne plakken

500 g **sint-jakobsschelpen**, in dunne plakjes

4 el gehakte **bladpeterselie**

zout en **peper**

VOOR ERBIJ:

4 el versgeraspte **Parmezaanse kaas**

4 el geroosterd **broodkruim**

10 VOOR

10 TIJD

4 PORTIES

vullend

Sint-jakobsschelpen hebben maar een minimale bereidingstijd nodig; bak ze iets te lang en ze worden taai en rubberachtig. Ze nemen heel goed andere smaken aan en passen daardoor prima in pastasauzen. Bovendien geven ze de saus vulling en textuur.

1 Verhit de olie en bak de knoflook er in een paar minuten licht goudbruin in. Roer de venkel erdoor en bak hem in 5 minuten net gaar.

2 Doe de sint-jakobsschelpen en peterselie erbij en roerbak alles op matig vuur 3-5 minuten. Breng op smaak met zout en peper en serveer met geraspte Parmezaanse kaas en broodkruim.

Rivierkreeft-saus met dragon

Krullende roze rivierkreeftstaarten, gekookt en in pekel, zijn vaak verkrijgbaar bij de vishandels of in potjes in de supermarkt.

VOOR 10

TIJD 25

PORTIES 2

kruidig

3 dl **visbouillon** (zie blz. 18)

½ glas **witte wijn**

1 **laurierblaadje**

enkele takjes **tijm**

15 g **boter**

1 el **bloem**

1,5 dl **slagroom**

1 el **tomatenpuree**

1 el gehakte **dragon**

1 el **brandewijn** of **cognac** (naar keuze)

150 g **rivierkreeftstaarten**, goed afgespoeld en uitgelekt

zout en **peper**

1 Doe de bouillon, witte wijn en kruiden in een pan en breng ze aan de kook. Laat ze tot circa 2 dl inkoken. Dit duurt 10-15 minuten.

2 Smelt de boter in een aparte pan. Voeg de bloem toe en laat hem met de boter een goudbruin papje vormen. Roer er geleidelijk de bouillon door (gooi de kruiden weg). Laat alles al roerend rustig koken, tot het ingedikt en glad is.

3 Roer de room, tomatenpuree, dragon en eventueel brandewijn of cognac erdoor. Breng het geheel langzaam aan de kook, zet het vuur laag en laat sudderen.

4 Roer de rivierkreeftstaarten erdoor en warm de saus 2 minuten goed door. Breng op smaak met zout en peper en serveer.

Tartaarsaus met inktvis en tomaat

300 g kleine **pijlinktvis**, afgespoeld en in dunne ringen; gebruik de tentakels ook als die er zijn

3 el **olijfolie**

2 **teentjes knoflook**, geperst

400 g gehakte **tomaten** uit blik

2 el **zongedroogde- tomatenpuree**

4 el gehakte **peterselie**

25 g **augurken**, fijngehakt

2 el **kappertjes** in pekel, afgespoeld, uitgelekt en gehakt

zout en **peper**

VOOR 10

TIJD 10

PORTIES 2-3

fris

Deze kleurrijke, frisse en zurige saus heeft een typisch mediterrane smaak en gaat perfect samen met bijna elke pastasoort. Hij ziet er oogverblindend uit met zwarte inktvis- inktpasta.

1 Dep de inktvis droog met keukenpapier.

2 Verhit de olie in een grote koekenpan en bak de inktvis 2-3 minuten zachtjes, tot de ringen opbollen. Voeg de knoflook toe en bak hem 1 minuut mee.

3 Doe de rest van de ingrediënten in de koekenpan. Breng alles aan de kook, zet het vuur laag en laat de saus 5 minuten sudderen, of tot hij ingedikt en goed warm is. Breng op smaak met zout en peper en serveer.

Garnalen-wodkasaus

Hoewel het misschien wat raar klinkt, wordt wodka gebruikt in behoorlijk wat pastasausrecepten. Hier gaat de wodka samen met witte wijn, kruiden en garnalen voor een rustieke saus die het best geserveerd kan worden met spaghetti.

VOOR **10**

TIJD **25**

PORTIES **4**

rustiek

3 el **olijfolie**

1 kleine **ui**, fijngehakt

250 g **tomaten** uit blik

1 **teentje knoflook**, geperst

3 el droge **witte wijn** (naar keuze)

1 tl **tomatenpuree**

enkele takjes **rozemarijn** en **basilicumblaadjes**

15 g **boter**

250 g gepelde **garnalen**, ontdooid indien uit de diepvries

300 g hele **champignons** uit blik, uitgelekt

4 el **wodka**

75 ml **slagroom**

zout en **peper**

GARNERING:

gekookte ongepelde **garnalen**

basilicumblaadjes

1 Verhit de helft van de olie in een koekenpan. Voeg de ui toe en bak hem rustig in 5 minuten onder af en toe roeren zacht.

2 Voeg de tomaten en knoflook toe en roer de tomaten goed om ze uit elkaar te doen vallen. Druk ze indien nodig tegen de zijkant van de pan.

3 Breng alles aan de kook, zet het vuur laag en laat de saus zonder deksel en onder af en toe roeren 15 minuten sudderen, tot hij is ingekookt tot een dikke puree. Haal de pan van het vuur. Breng op smaak met zout en peper.

4 Verhit intussen de rest van de olie in een koekenpan. Voeg de boter toe en verhit hem tot hij sist. Voeg de garnalen en champignons toe en roer goed. Schenk de wodka erbij, zet het vuur hoog en roer tot de vloeistof is verdampt.

5 Voeg de tomatensaus en room toe en roer tot alles goed gemengd en doorgewarmd is. Garneer met enkele ongepelde garnalen en wat basilicumblaadjes.

Garnalen-mosselsaus

10 VOOR

30 TIJD

6 PORTIES

feest

- 75 ml **olijfolie**
- 1 grote **ui**, fijngehakt
- 2 **teentjes knoflook**, geperst
- 800 g gehakte **tomaten** uit blik
- 1,5 dl droge **witte wijn**
- snufje **bruine suiker**
- ½ tl **gedroogde tijm**
- 500 g gepelde **garnalen**
- 125 g gekookte **mosselen** zonder schelp uit blik
- **zout** en **peper**
- gehakte **peterselie**, ter garnering

Dit is een echt zeevruchtenfeestmaal. De garnalen en mosselen worden op het laatst toegevoegd aan een rijke, ingekookte tomatensaus. Heel lekker met macaroni!

1 Verhit de olie in een grote pan. Voeg de ui en knoflook toe en bak ze goudbruin. Doe de tomaten en hun sap, de wijn, suiker en tijm erbij. Breng alles aan de kook, zet het vuur laag en laat alles 15-20 minuten sudderen. Breng op smaak met zout en peper.

2 Roer de garnalen en mosselen erdoor en kook de saus nog 3 minuten onder af en toe roeren. Garneer met gehakte peterselie.

Garnalenbrandewijnsaus

Kleine garnalen zijn meestal wat zoeter dan grote tijgergarnalen en dat is precies wat je wilt in dit gerecht. Garnalen uit de diepvries zijn prima. Zorg dat je de brandewijn even goed kookt om de wat 'rauwe' smaak weg te nemen voordat je de garnalen en kruiden toevoegt.

1 Verhit de boter in een koekenpan en bak de tomaten 2-3 minuten, tot ze zacht zijn. Schenk de brandewijn erbij, zet het vuur hoog en laat alles 2 minuten koken.

2 Voeg de garnalen, room en dragon toe en warm alles goed door. Breng op smaak met zout en peper.

10 VOOR

5 TIJD

2 PORTIES

simpel

25 g **boter**

4 **pruimtomaten**, ontveld (zie blz. 16) en gehakt

2 el **brandewijn** of **cognac**

200 g gekookte gepelde **garnalen**, ontdooid indien uit de diepvries

3 el **slagroom**

1 el gehakte **dragon**

zout en **peper**

Pittige garnalensaus

3 **uien**, gehakt

2 **teentjes knoflook**, fijngehakt

25 g **gemengde noten**, gehakt

½ tl **zout**

½ tl **chilipoeder**

¼ tl **saffraanpoeder**

½ tl geraspte **citroenschil**

2 tl **ansjovispasta**

3 el **plantaardige olie**

750 g gepelde **garnalen**

75 g fijngesneden **kokos**

4,5 dl **melk**

15 VOOR

10 TIJD

4 PORTIES

pittig

Garnalen nemen buitengewoon goed andere smaken op en daarom worden ze veel in curry's gebruikt. In dit recept worden ze gecombineerd met chilipoeder en kokos voor een romige pastasaus met een kick. Deze saus gaat het best samen met heel dunne pasta, zoals vermicelli of spaghettini.

1 Doe de uien, knoflook, noten, het zout, chilipoeder, de saffraan, citroenschil en ansjovispasta in een blender en pureer ze glad.

2 Verhit de olie in een koekenpan en bak het mengsel er al roerend 3 minuten rustig in. Roer de garnalen erdoor en bak nog 2 minuten, tot ze gaar zijn.

3 Voeg het kokos en de melk toe, breng het geheel aan de kook en laat het 1 minuut sudderen.

Tomaten-champignonsaus met garnalen

Dit snelle en eenvoudige recept is perfect voor spontane feestelijke etentjes, want je kunt als het moet grote garnalen uit de diepvries gebruiken. Serveer er spaghetti bij of, voor een wat ongewoner effect, linguine verdi.

1 Verhit de olie in een grote koekenpan tot hij bijna rookt. Voeg de champignons toe en roerbak ze 2 minuten. Voeg de garnalen en zongedroogde tomaten toe en roerbak nog 3 minuten.

2 Doe het citroensap en de lente-uitjes erbij. Roerbak weer 2 minuten. Roer het basilicum erdoor en breng op smaak met zout en peper.

10 VOOR

10 TIJD

4 PORTIES

snel

8 el **olijfolie**

375 g **champignons**, in plakjes

375 g grote **garnalen**, gepeld en darmkanaal verwijderd

40 g **zongedroogde tomaten** in olie, uitgelekt en gehakt

2 el **citroensap**

1 bosje **lente-uitjes**, in schuine ringen

3 el gehakt **basilicum**

zout en **peper**

Saffraan-sardinesaus

- ½ tl **saffraandraadjes**
- 1½ el **tomatenpuree**
- 2,5 dl heet **water**
- 25 g **rozijnen**
- 8 el **olijfolie**
- ½ kleine **ui**, fijngehakt
- 1 **venkelknol**, fijngehakt
- 1 **teentje knoflook**, fijngehakt
- ½ tl **venkelzaad**, geroosterd en gekneusd
- 6 **ansjovisfilets** in olie, uitgelekt en gehakt
- 500 g verse **sardines**, gefileerd
- 40 g geroosterde **pijnboompitten**
- **peper**
- 4 el geroosterd **broodkruim**, voor erbij

30 VOOR

20 TIJD

4 PORTIES

lekker

Sardines worden heel veel gebruikt in de mediterrane keuken, maar wij hebben de neiging ze links te laten liggen of heel af en toe een blik open te trekken voor op een toastje. Ze zitten boordevol belangrijke oliën en geven sauzen een fantastische smaak. Vraag de vishandelaar ze voor je te fileren.

1 Meng de saffraan, tomatenpuree en het hete water en zet ze weg.

2 Zet de rozijnen onder heet water en laat ze 15 minuten weken. Giet ze af en hak ze grof.

3 Verhit de olie in een grote pan en bak de ui en venkel er zacht in. Voeg de knoflook, het venkelzaad en de ansjovis toe. Bak ze 1-2 minuten en prak daarbij de ansjovis.

4 Voeg de sardines toe en bak ze kort aan beide kanten. Roer de pijnboompitten, rozijnen, het saffraanmengsel en de peper erdoor. Breng het geheel aan de kook, zet het vuur laag en laat de saus op matig vuur 5-7 minuten sudderen, tot het vocht is ingekookt en de sardines wat uit elkaar vallen. Serveer heet met het broodkruim.

Tonijnsaus

Je kunt de tonijn uit blik ook vervangen door verse tonijn en deze in grotere stukken breken voor een wat grovere saus. Gril of bak dan hetzelfde gewicht aan verse tonijn tot deze gaar is en voeg de stukken toe aan de overige ingrediënten.

1 Verhit de olie en boter in een koekenpan, voeg de knoflook toe en bak deze 2 minuten op matig vuur. Schenk de bouillon en sherry erop, breng ze aan de kook en laat ze 5 minuten flink doorkoken om in te koken.

2 Roer de tonijn, room en twee derde van de peterselie erdoor. Breng op smaak met zout en peper en roer om alles goed te mengen. Garneer met de rest van de peterselie.

VOOR 5

TIJD 10

PORTIES 4

rijk

2 el **olijfolie**

25 g **boter**

1 **teentje knoflook**, fijngehakt

2 dl **visbouillon** of **kippenbouillon** (zie blz. 18 en 19)

3 el **droge sherry**

200 g **tonijn** uit blik, uitgelekt en in vlokken verdeeld

2 el **room**

3 el gehakte **peterselie**

zout en **peper**

Tonijn-champignon-saus

VOOR 10

TIJD 10

PORTIES 4

simpel

1,25 dl **olijfolie**

1 **teentje knoflook**, geperst

250 g **champignons**, in dunne plakjes

1 kleine **Spaanse peper**, zonder zaad en zaadlijsten, in dunne repen

200 g **tonijn** in olie, in vlokken verdeeld maar niet uitgelekt

zout en **peper**

fijngehakte **peterselie** of **basilicum**, ter garnering

Dit snelle recept is ideaal voor een doordeweekse maaltijd. De olie van de tonijn geeft het gerecht extra smaak. Serveer er macaroni of penne bij.

1 Verhit de olijfolie in een koekenpan en bak de knoflook, champignons en paprika's 5 minuten, tot de groenten gaar maar nog wel stevig zijn.

2 Voeg de tonijn toe en roer voorzichtig om de ingrediënten te mengen en door te warmen. Breng op smaak met zout en peper en garneer met peterselie of basilicum.

Zeebaars-tomatensaus

Hoe beter de kwaliteit van de ingrediënten die je gebruikt, hoe minder je ermee hoeft te doen en deze saus is daar een goed voorbeeld van. Gebruik mooie, zoete, rijpe tomaten en de verste zeebaars die je kunt krijgen voor dit eenvoudige, maar indrukwekkende gerecht.

1 Leg de zijkant van een koksmes op de teentjes knoflook en druk stevig om ze te kneuzen. Verhit de olijfolie in een grote koekenpan op laag vuur. Roer de knoflook en chilipepers erdoor en bak ze onder af en toe roeren 10 minuten. Haal de pan van het vuur als de knoflook begint te verkleuren en laat de smaken in de hitte van de pan in elkaar trekken. Haal dan de knoflook eruit.

2 Roer de tomaten en hun sap door de olie en schenk de witte wijn erbij. Voeg een klein beetje zout toe, breng alles aan de kook en laat de saus op matig vuur in 12-15 minuten indikken.

3 Roer de vis en peterselie erdoor en kook de vis 2 minuten mee, tot hij ondoorschijnend wordt. Voeg een soeplepel heet water toe als de saus te dik lijkt. Serveer meteen met een beetje extra vergine olijfolie als je dat lekker vindt.

15 VOOR

30 TIJD

4 PORTIES

simpel

2 **teentjes knoflook**

1 el **olijfolie**

¼ tl gekneusde **gedroogde chilipepers**

700 g rijpe **tomaten**, ontveld (zie blz. 16) en grof gehakt

1,25 dl droge **witte wijn**

300 g ontvelde **zeebaarsfilet**, in dunne repen

1½ el grof gehakte **bladpeterselie**

extra vergine **olijfolie**, om te besprenkelen (naar keuze)

zout

Zeeduivel-mascarponesaus

½ tl **saffraandraadjes**

375 g **zeeduivelfilet**

25 g **boter**

1 **venkelknol**, fijngehakt

1 tl **venkelzaad**, gekneusd

250 g **mascarpone**

scheutje **witte wijn**

zout en **peper**

VOOR 10

TIJD 15

4 PORTIES

rijk

Zeeduivel is een geweldige vis voor in pastasauzen, omdat hij zijn vorm heel goed behoudt. Deze rijke roomsaus is vooral lekker met verse pasta.

1 Verkruimel de saffraandraadjes in 2 eetlepels kokendheet water in een schaaltje en laat het staan terwijl je de saus maakt.

2 Dep de vis droog met keukenpapier en verwijder graten en donkere plekjes. Snijd de vis in dunne plakjes en bestrooi ze met zout en peper.

3 Smelt de boter in een koekenpan en bak de zeeduivel er 2 minuten in, tot hij niet meer doorschijnend is. Haal hem met een schuimspaan uit de pan en doe de venkel en het venkelzaad erin. Bak ze 5 minuten zachtjes tot ze zacht zijn.

4 Voeg de mascarpone, de saffraan met het weekvocht en de wijn toe en verhit ze al roerend tot de kaas is gesmolten en bubbelt. Roer de zeeduivel erdoor en kook alles 2-3 minuten zachtjes, tot alles goed doorgewarmd is. Breng op smaak met zout en peper.

Gerooktezalmsaus met asperges

Gerookte zalm en asperges zijn een klassieke combinatie en de bijzondere smaken hebben weinig anders meer nodig. Dit is een romige saus, die het best samengaat met tagliatelle of fettuccine.

1 Blancheer de aspergepunten 5 minuten in lichtgezouten kokend water. Giet ze af, houd ze onder koud stromend water en dep ze droog.

2 Doe de asperges, gerookte zalm, slagroom en dragon in een pan en warm alles zachtjes op. Breng op smaak met zout en peper en serveer eventueel met Parmezaanse kaas.

5 VOOR

8 TIJD

4 PORTIES

snel

175 g **aspergepunten**

125 g **gerookte zalm**, in dunne repen

3 dl **slagroom**

1 el gehakte **dragon**

zout en **peper**

geschaafde **Parmezaanse kaas**, voor erbij (naar keuze)

3 dl **crème fraîche**

1,25 dl **wodka**

2 **lente-uitjes**, fijngehakt (naar keuze)

1 tl fijngehakte **dille**, plus extra ter garnering

250 g **gerookte zalm**, in repen

zout en **peper**

VOOR

TIJD

PORTIES

Gerooktezalm-wodkasaus

Dit is nog zo'n snel te bereiden saus. De crème fraîche maakt hem lekker romig en heeft een lichtzure smaak – perfect voor de gerookte zalm.

1 Doe de crème fraîche en wodka in een pan en verhit ze zacht tot het mengsel bijna kookt.

2 Voeg de lente-uitjes, als je die gebruikt, en dille toe en kook het mengsel tot het goed heet is. Breng op smaak met zout en peper.

3 Haal de pan van het vuur en roer de gerookte zalm door de saus. Garneer met de extra dille.

Gember-limoen-saus met gerookte zalm

Op smaak gebrachte boter is extreem lekker wanneer je hem laat smelten in het hete voedsel en deze aromatische zalmboter vormt daarop geen uitzondering. Dek hem af en zet hem voor gebruik 3 dagen in de koelkast.

1 Doe alle ingrediënten in een kom en klop ze tot ze goed gemengd zijn. Breng op smaak met veel peper.

2 Serveer de boter met extra partjes limoen om over het gerecht uit te knijpen.

10 VOOR

0 TIJD

4 PORTIES

exo-tisch

100 g **gerookte zalm**, plakjes of afsnijdsel, fijngehakt

100 g zachte **boter**

25 g verse **gemberwortel**, geschild en geraspt

fijn geraspte **schil van 1 limoen**, plus 1 el **limoensap**

2 el fijngehakte **peterselie** of **kervel**

peper

partjes **limoen**, voor erbij

Gerooktezalm-dillesaus

25 g **boter**

1 **venkelknol**, fijngehakt

1 grote **courgette**, in blokjes

2 **teentjes knoflook**, geperst

1 dl **witte wijn**

100 g **doperwten**, vers of uit de diepvries

kleine handvol gehakte **dille**

250 g **mascarpone**

150 g **gerookte zalm**, plakjes of afsnijdsel, in stukjes

zout en **peper**

VOOR 10

TIJD 15

4 PORTIES

kruidig

Sauzen zijn perfect om zalmafsnijdsel in te verwerken, die veel goedkoper dan de plakken, maar net zo lekker zijn. En als bijkomend voordeel hoef je ze meestal niet eens te snijden. Vraag de vishandelaar ernaar.

1 Smelt de boter in een grote pan en bak de venkel en courgette er in 6-8 minuten zacht maar nog niet bruin in.

2 Voeg de wijn en wat zout en peper toe en breng alles aan de kook. Laat de saus een minuut bubbelen, tot de wijn iets is ingekookt.

3 Doe de saus in en keukenmachine of blender en pureer hem licht. Hij moet een moes vormen maar niet te glad zijn.

4 Doe de saus terug in de pan en voeg de doperwten, dille, mascarpone en zalm toe. Kook het geheel op laag vuur tot het goed heet is. Breng indien nodig op smaak en serveer.

Kruidige zalmsaus

De kruiden in dit recept geven het gerecht een zeer frisse, zomerse smaak. De zalm wordt in blokjes gesneden en niet in vlokken verdeeld, waardoor hij zijn vorm behoudt in plaats van in de saus op te gaan. Serveer er groene fettuccine of tagliatelle bij.

1 Verhit de olie en boter in een pan en bak de zalm er 3 minuten zachtjes in. Voeg de lente-uitjes toe en bak ze 1 minuut mee. Breng op smaak met zout en peper. Haal het mengsel met zijn sappen uit de pan en houd het warm.

2 Voeg de wijn toe, breng hem aan de kook, zet het vuur laag en laat de saus al sudderend voor de helft inkoken. Voeg de visbouillon toe, breng alles weer aan de kook en laat het opnieuw al sudderend voor de helft inkoken.

3 Roer de room en kruiden erdoor, breng weer aan de kook en laat de saus weer al sudderend inkoken en indikken. Roer voorzichtig de zalm en uitjes erdoor en breng indien nodig op smaak.

15
VOOR

15
TIJD

4
PORTIES

fris

1 el **olijfolie**

25 g **boter**

375 g **zalm** zonder vel en graten, in blokjes van 1 cm

4 **lente-uitjes**, inclusief het groene deel, fijngehakt

50 ml droge **witte wijn**

1,25 dl **visbouillon** (zie blz. 18)

5 dl **slagroom**

3 el fijngehakte verse **koriander**

1 el fijngehakte **munt**

1 el fijngehakte **rucola**

1 el fijngehakte **maggiplant**

zout en **peper**

Marinarasaus met gember

1 kg verse **mosselen**, schoongeboend en baarden verwijderd (zie blz. 176)

4 plakjes verse **gemberwortel**, plus 2 el in dunne reepjes

2 **sjalotjes**, fijngehakt

2 **teentjes knoflook**, fijngehakt

1,25 dl droge **witte wijn**

1½ el **olijfolie**

25 g **boter**

250 g grote **garnalen**, gepeld en darmkanaal verwijderd

250 g kleine **sintjakobsschelpen**

1,25 dl **slagroom**

1-2 tl **citroensap**

zout en **peper**

gefrituurde **basilicumblaadjes**, ter garnering

VOOR 30

TIJD 15

6 PORTIES

scherp

Verse gemberwortel geeft dit heerlijke zeevruchtengerecht een oosters smaakje. Een ideaal gerecht voor een informeel etentje, lekker met tagliarini.

1 Doe de mosselen in een stoompan. Bestrooi ze met de plakjes gember, sjalotjes en de helft van de knoflook en schenk de wijn erover. Dek de pan af en stoom de mosselen op matig vuur ongeveer 5 minuten, tot ze open zijn.

2 Gooi de plakjes gember en de mosselen die niet open zijn gegaan weg. Schenk het kookvocht met de sjalotjes en knoflook in een kleine pan. Laat het op hoog vuur tot 1,25 dl inkoken. Dek af en zet weg.

3 Verhit een wok op matig vuur. Voeg als de wok heet is de olie en boter toe en bak de rest van de knoflook en reepjes gember in 30 seconden zacht.

4 Voeg de garnalen toe en bak ze 1 minuut, tot ze roze beginnen te worden. Voeg de sintjakobsschelpen toe en schep alles om. Schenk het bewaarde kookvocht en de slagroom erbij en kook het geheel 1 minuut, tot de saus romig wordt.

5 Voeg de mosselen en het citroensap toe en breng op smaak met zout en peper. Garneer met gefrituurd basilicum.

Zeevruchten-saus

Deze luxe saus is echt voor speciale gelegenheden. Als je geen heilbot kunt krijgen, kun je ook andere stevige witvis nemen.

15 VOOR

10 TIJD

4 PORTIES

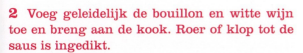
chic

50 g **boter**

1 **ui**, fijngehakt

1 **teentje knoflook**, geperst

50 g **bloem**

4,5 dl **visbouillon** of **groentebouillon** (zie blz. 18 of 21)

1,5 dl **witte wijn**

125 g **heilbot**, in blokjes

6 **sint-jakobsschelpen**, in vieren

50 g **mosselen** uit blik of uit de diepvries

125 g gekookte gepelde **garnalen**

1 el gehakte **majoraan**

1,5 dl **room**

zout en **peper**

1 Smelt de boter in een pan met dikke bodem en bak de ui en knoflook er al roerend 2 minuten zachtjes in. Voeg de bloem toe en roer hem er op laag vuur 2 minuten door.

2 Voeg geleidelijk de bouillon en witte wijn toe en breng aan de kook. Roer of klop tot de saus is ingedikt.

3 Zet het vuur laag en roer de heilbot en sint-jakobsschelpen erdoor. Kook ze 2-3 minuten.

4 Roer de mosselen, garnalen, majoraan en room erdoor. Verhit de saus 1 minuut en breng dan op smaak met zout en peper.

Saus van gemengde zeevruchten

VOOR 15

10 TIJD

4 PORTIES

rijk

Leef je verder uit op de Zeevruchtensaus van blz. 201 door zeeduivel en krabbenvlees toe te voegen. Serveer er kleine pastavormpjes bij, zoals cochiglie of orecchiette.

- 50 g **boter**
- 1 **ui**, fijngehakt
- 1 **teentje knoflook**, geperst
- 50 g **bloem**
- 4,5 dl **groentebouillon** (zie blz. 21)
- 1,5 dl **witte wijn**
- 125 g **zeeduivel**, in blokjes
- 6 **sint-jakobsschelpen**, in vieren
- 50 g **krabbenvlees**
- 125 g gekookte gepelde **garnalen**
- 1 el gehakte **majoraan**
- 1,5 dl **room**
- **zout** en **peper**

1 Smelt de boter in een grote pan met dikke bodem, voeg de ui en knoflook toe en bak ze al roerend 2 minuten zachtjes. Doe de bloem erbij en roer nog 2 minuten op laag vuur.

2 Voeg beetje bij beetje de bouillon en witte wijn toe en breng alles al roerend of kloppend aan de kook en laat het koken tot het is ingedikt.

3 Zet het vuur laag en roer de zeeduivel en sint-jakobsschelpen erdoor. Kook ze 2-3 minuten mee.

4 Roer de krab, garnalen, majoraan en room erdoor. Verhit alles 1 minuut en breng op smaak met zout en peper.

Pikante zeevruchten- saus

Dit is een snel gerecht dat heel geschikt is voor een ontspannen etentje met vrienden. Het geheel ziet er extra indrukwekkend uit als je er zwarte tagliolini bij serveert.

1 Verhit de olie in een grote koekenpan en bak de paprika er net zacht in. Voeg de knoflook en Spaanse pepers toe en bak ze tot de knoflook begint te verkleuren.

2 Voeg de peterselie en dan de zeevruchten toe en roerbak ze 5 minuten, tot ze goed heet zijn. Breng op smaak met zout en peper.

10 VOOR

10 TIJD

4 PORTIES

simpel

8 el **olijfolie**

1 **rode paprika**, zonder zaad en zaadlijsten, in blokjes

2 **teentjes knoflook**, fijngehakt

2 rode **Spaanse pepers**, zonder zaadjes en fijngehakt

2 el gehakte **bladpeterselie**

750 g **gemengde zeevruchten**

zout en **peper**

Mediterrane vissaus

1 kleine **ui**, fijngehakt

2 **teentjes knoflook**, fijngehakt

1 kleine **rode paprika**, zonder zaad en zaadlijsten, in blokjes

1 kleine **groene paprika**, zonder zaad en zaadlijsten, in blokjes

400 g gehakte **tomaten** uit blik

4 el fijngehakte **bladpeterselie**

500 g **kabeljauw**, in blokjes

zout en **peper**

10 VOOR

15 TIJD

4 PORTIES

stevig

Je kunt voor dit gerecht elke stevige witvissoort gebruiken. Hij neemt de sappen en smaken van de saus op. Serveer deze saus met rigatoni of penne.

1 Verhit een koekenpan en bak de ui, knoflook en paprika's er 3-6 minuten droog in. Schep ze steeds om tot ze zacht zijn.

2 Roer de tomaten, peterselie en vis erdoor. Breng alles aan de kook, zet het vuur laag en laat de saus zonder deksel sudderen tot de vis net gaar is. Breng op smaak met zout en peper.

Garnalen-ansjovissaus

Probeer eens van die grote witte ansjovisfilets te krijgen. Deze zijn in het hele mediterrane gebied populair en zijn minder zout dan de donkere variant. Een goede zelfgemaakte visbouillon maakt alle verschil in dit heerlijke gerecht.

1 Laat de ansjovis 15 minuten weken in de melk om ze minder zout te maken. Laat ze uitlekken, hak ze en zet ze weg.

2 Smelt de boter in een pan, voeg de ui toe en bak hem in 10 minuten al roerend goudbruin. Voeg de knoflook toe en bak hem 1 minuut.

3 Voeg de wijn toe, breng aan de kook, laat flink doorkoken om voor de helft in te koken. Voeg de visbouillon, ansjovis en garnalen toe en kook alles zonder deksel op de pan 2 minuten mee.

4 Haal de pan van het vuur en roer de peterselie door de inhoud. Breng op smaak met zout en peper. Garneer met ansjovisfilets en hele garnalen.

30 VOOR

20 TIJD

4 PORTIES

rustiek

- 10 **ansjovisfilets** in olie, uitgelekt, plus extra ter garnering
- 2-3 el **melk**
- 15 g **boter**
- 1 grote **ui**, gehakt
- 2 **teentjes knoflook**, in dunne plakjes
- 1,5 ml droge **witte wijn**
- 2,5 dl **visbouillon** (zie blz. 18)
- 175 g gekookte gepelde **garnalen**
- 2-3 el gehakte **peterselie**
- **zout** en **peper**
- gekookte ongepelde **garnalen**, ter garnering

Tonijn-tomaten-saus

1 **teentje knoflook**, gehakt

200 g **tonijn** in pekel uit blik, uitgelekt en grof in vlokken verdeeld

3 el gehakte **peterselie**

2 el **tomatenpuree**

2,5 dl **visbouillon** (zie blz. 18)

zout en **peper**

VOOR

TIJD

PORTIES

Dit is een heel handig gerecht als je nog wat visbouillon in de diepvries hebt. je hebt er niets ingewikkelds aan ingrediënten voor nodig en het resultaat is een heerlijk rijke, dikke saus.

1 Verhit een grote koekenpan of wok en bak de knoflook er 3-6 minuten onder voortdurend keren droog in, tot hij zacht is en begint te verkleuren.

2 Voeg de tonijn, 2 eetlepels van de peterselie, de tomatenpuree en visbouillon toe. Breng alles aan de kook, zet het vuur laag en laat de saus 15 minuten sudderen. Breng op smaak met zout en peper en strooi de rest van de peterselie erover.

Pikante puttanesca-saus

Deze variatie op een traditioneel Italiaans gerecht (zie blz. 45) bevat rode Spaanse peper voor extra smaak. De saus is heet, pittig en buitengewoon lekker.

1 Verhit de olie in een grote pan. Voeg de ui toe en bak hem in 3-4 minuten rustig zacht. Doe de knoflook en Spaanse peper erbij en bak ze een minuut mee.

2 Voeg de ansjovis, tomaten, suiker en olijven toe en breng alles aan de kook. Zet het vuur laag en laat de saus 10 minuten sudderen, tot hij is ingedikt.

3 Voeg het basilicum, de kappertjes en wat zout toe en roer de saus 1 minuut door. Strooi er Parmezaanse kaas over, als je dat lekker vindt, en serveer meteen.

15 VOOR

15 TIJD

4 PORTIES

pittig

4 el **olijfolie**

1 **ui**, fijngehakt

3 **teentjes knoflook**, geperst

1 kleine **rode Spaanse peper**, zonder zaadjes en fijngehakt

6 **ansjovisfilets** in olie, uitgelekt en gehakt

800 g gehakte **tomaten** uit blik

½ tl **basterdsuiker**

75 g **zwarte olijven**, ontpit en fijngehakt

kleine handvol **basilicumblaadjes**

2 el **kappertjes** in pekel, afgespoeld en uitgelekt

zout

versgeraspte **Parmezaanse kaas**, voor erbij (naar keuze)

Paprika-ansjovis-saus

1 **rode paprika**

4 el **olijfolie**

2 **teentjes knoflook**, fijngehakt

6 **tomaten**, ontveld (zie blz. 16) en gehakt

50 g **ansjovisfilets** in olie uit blik, uitgelekt en fijngehakt

4 el droge **witte wijn**

1 tl **rietsuiker**

peper

gehakte **peterselie**, ter garnering

versgeraspte **Parmezaanse kaas**, voor erbij

VOOR 5

TIJD 30

PORTIES 4

rustiek

De zoute smaak van de ansjovis wordt wat gecompenseerd door de rietsuiker en verse peterselie. Deze dikke saus heeft grote pastavormen nodig: rigatoni is perfect.

1 Gril de paprika onder een voorverwarmde hete grill tot hij blazen vertoont en aan alle kant geblakerd is; keer hem regelmatig. Doe hem in een plastic zak en laat hem iets afkoelen. Trek voorzichtig het vel eraf en hak het vruchtvlees.

2 Verhit de olie in een grote pan, voeg de gehakte paprika en knoflook toe en bak ze al roerend 3 minuten. Voeg de tomaten, ansjovis, wijn en suiker toe en breng op smaak met peper

3 Breng de saus aan de kook, zet het vuur laag en laat de saus 15-20 minuten sudderen, tot hij is ingedikt. Garneer met peterselie en serveer met Parmezaanse kaas.

Champignon-ansjovissaus

Dit is nogal een delicate saus, dus koop de kleinste witte champignons die je kunt vinden. Grotere, donkerdere champignons beïnvloeden de kleur van de saus en kunnen de prachtige aanblik ervan verpesten.

1 Smelt de boter met de olie in een grote pan. Voeg de champignons en knoflook toe en bak ze al roerend 5 minuten op matig vuur, tot de champignons hun vocht loslaten.

2 Voeg de ansjovis toe en bak hem 5 minuten mee. Haal de pan van het vuur en roer 4 eetlepels van de peterselie en de zure room door de saus. Breng op smaak met peper en bestrooi met de rest van de peterselie.

VOOR **10**

TIJD **10**

4 PORTIES

simpel

25 g **boter**

2 el **olijfolie**

500 g kleine witte **champignons**

2 **teentjes knoflook**, geperst

50 **ansjovisfilets** in olie uit blik, uitgelekt en grof gehakt

6 el gehakte **peterselie**

3 dl **zure room**

peper

kaas

Geitenkaas-pijnboompittensaus

25 g **boter**

75 g **pijnboompitten**

2 **teentjes knoflook**, in dunne plakjes

1 **prei**, in dunne ringen

3 dl **room**

fijn geraspte **schil en sap van 1 citroen**

150 g stevige **geitenkaas**, verkruimeld

zout en **peper**

10 VOOR

5 TIJD

4 PORTIES

snel

Deze saus is een eenvoudige, vleesvrije topper vol textuur en smaak. Een frisse groene salade en klaar ben je. Probeer hem eens met verse eier- of spinaziepasta.

1 Smelt de boter in een koekenpan en bak de pijnboompitten er 2 minuten zachtjes in, tot ze beginnen te verkleuren. Voeg de knoflook en prei toe en bak ze nog een minuut.

2 Voeg de room, citroenschil en het -sap en de geitenkaas toe. Breng op smaak met zout en peper en roer 1-2 minuten, tot de room bubbelt en de kaas is begonnen te smelten.

Rucola-geitenkaas-pesto

Geitenkaas, rucola en hazelnoten worden gebruikt als alternatief voor de klassieke pecorino, basilicum en pijnboompitten in deze bijzondere pesto. Hij heeft een rijke, romige smaak en een levendige kleur en gaat heel goed samen met linguine of spaghetti.

1 Doe de rucola, hazelnoten, Parmezaanse kaas en yoghurt in een keukenmachine of blender en pureer ze glad.

2 Roer de geitenkaas erdoor en breng op smaak met peper.

10 VOOR

0 TIJD

4 PORTIES

rijk

125 g **rucola**

40 g geroosterde **hazelnoten**

40 g **Parmezaanse kaas**, versgeraspt

3 el **yoghurt**

100 g **geitenkaas**, gehakt

peper

Geitenkaas-waterkers-pesto

50 g geroosterde **pijnboompitten**, plus extra ter garnering

1 **teentje knoflook**, grof gehakt

150 g **waterkers**

7 el extra vergine **olijfolie**

150 g kruimelige **geitenkaas**, plus extra voor erbij

zout en **peper**

10 VOOR

0 TIJD

4 PORTIES

fris

Deze variant op de klassieke basilicumpesto bevat waterkers en geitenkaas in plaats van basilicum en Parmezaanse kaas. Pureer de waterkers en pijnboompitten niet te lang, want de pesto is het lekkerst als hij nog wat textuur heeft.

1 Doe de pijnboompitten, knoflook en waterkers in een keukenmachine met een flinke snuf zout. Pureer ze 15 seconden, tot ze grof gehakt zijn. Pureer dan nog 20 seconden terwijl je geleidelijk de olijfolie toevoegt.

2 Verkruimel de geitenkaas boven de pesto en roer de pesto goed door. Breng op smaak met peper. Garneer met de extra pijnboompitten en serveer met de extra geitenkaas.

Ricotta-spinazie-saus

Ricotta is een buitengewoon veelzijdige zachte kaas die net zo lekker is in zoete als in hartige gerechten. Deze eenvoudige saus combineert deze kaas met spinazie tot een heerlijke, snelle maaltijd.

VOOR

TIJD

PORTIES

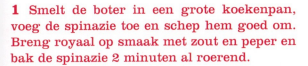

50 g **boter**

250 g **spinazie** uit de diepvries, ontdooid en gehakt indien nodig

125 g **ricotta** of **hüttenkäse**

50 g **Parmezaanse kaas**, versgeraspt

zout en **peper**

1 Smelt de boter in een grote koekenpan, voeg de spinazie toe en schep hem goed om. Breng royaal op smaak met zout en peper en bak de spinazie 2 minuten al roerend.

2 Roer de ricotta of hüttenkäse erdoor en de helft van de Parmezaanse kaas. Warm de saus goed door en serveer hem met de rest van de Parmezaanse kaas.

Romige walnoot-dolcelattesaus

2 el **walnotenolie**

2 **teentjes knoflook**, geperst

100 g **walnootstukjes**, gehakt

150 g **dolcelatte** (blauwe kaas)

2 dl **crème fraîche**

2 el gehakte **bladpeterselie**

zout en **peper**

VOOR 10

TIJD 5

PORTIES 3-4

nodig

Walnoten zijn heel geschikt voor een pastasaus omdat ze veel textuur en smaak geven zonder dat er veel andere ingrediënten nodig zijn. Deze eenvoudige saus is rijk en vullend, dus serveer hem in kleine porties met penne of fusilli en een groene of tomatensalade.

1 Verhit de olie in een koekenpan en bak de knoflook er 1 minuut zachtjes in. Voeg de walnoten toe en bak ze een minuut mee.

2 Verkruimel de kaas erboven, schep de crème fraîche erbij en voeg de peterselie toe. Breng op smaak met zout en peper en verhit de saus 1-2 minuten, tot de kaas smelt maar nog wel textuur heeft.

Ciabattasaus met Parmezaanse kaas

Dit recept is heel geschikt om ciabatta die zijn beste tijd gehad heeft te gebruiken. Hij wordt opgepept met olijfolie, knoflook, citroen, tomaten en Parmezaanse kaas.

1 Breek de ciabatta in stukjes; laat de korsten zitten. Vermaal ze tot kruimels in een keukenmachine.

2 Verhit de helft van de olie in een koekenpan. Voeg het broodkruim en de knoflook toe en bak ze 1-2 minuten zachtjes, tot ze licht goudbruin zijn.

3 Voeg de citroenschil en het -sap, de tomaten, Parmezaanse kaas, de rest van de olie en royaal zout en peper toe. Warm de saus 30 seconden door.

10 VOOR

3 TIJD

4 PORTIES

rustiek

- 150 g **ciabatta** van een dag oud
- 8 el extra vergine **olijfolie**
- 2 **teentjes knoflook**, in dunne plakjes
- fijn geraspte **schil en sap van 1 citroen**
- 125 g **zongedroogde tomaten**, gehakt
- 75 g **Parmezaanse kaas**, versgeraspt
- **zout** en **peper**

Walnoten-camembert-gruyèresaus

3 el **olijfolie**

2 **teentjes knoflook**, geperst

125 g **walnootstukjes**

2 **pruimtomaten**, in partjes

50 g **camembert**, in blokjes

50 g **gruyère**, versgeraspt

1 bosje **bieslook**, geknipt

zout

VOOR

TIJD

PORTIES

Dit is een rijke, sterke saus die je het best in kleine hoeveelheden als voorgerecht kunt serveren. Geef er penne bij of gebruik spaghetti en leg een met een vork gedraaide krul midden op de borden voor een aantrekkelijke presentie.

1 Verhit de olie in een grote pan, voeg de knoflook, walnoten en tomaten toe en bak ze al roerend 1 minuut. Zet het vuur laag.

2 Voeg beide kaassoorten toe en daarna op 2 eetlepels na het geknipte bieslook. Garneer met de rest van het bieslook en serveer.

Paddenstoelen-gruyèresaus

Kaas en paddenstoelen komen in veel gerechten samen voor en de bijzondere mix van exotische cantharellen en pittige gruyère is een echte traktatie. De room verdunt de kaas, maar verdikt de saus.

10 VOOR

15 TIJD

4 PORTIES

dik

50 g **boter**

25 g **bloem**

4,5 dl **melk**

75 g **gruyère**, geraspt

250 g **champignons**, fijngehakt

125 g **cantharellen**, fijngehakt

2 **teentjes knoflook**, geperst

4 el **slagroom**

zout en **peper**

bladpeterselie, ter garnering

1 Smelt de helft van de boter in een pan met dikke bodem. Voeg de bloem toe en bak hem 1 minuut zachtjes. Doe beetje voor beetje de melk erbij en roer of klop de saus op matig vuur tot hij is ingedikt. Roer de gruyère erdoor en breng op smaak met zout en peper. Zet weg.

2 Smelt de rest van de boter in een grote pan. Voeg de paddenstoelen en knoflook toe en bak ze op laag vuur 5 minuten, tot de paddenstoelen gaar zijn.

3 Roer de gruyèresaus door het paddenstoelenmengsel. Roer de room erdoor en kook alles circa 2 minuten op laag vuur tot de saus goed heet is. Breng indien nodig op smaak en garneer met peterselie.

kaas 219

Spinazie-kaassaus

250 g **spinazie**, taaie stelen verwijderd

½ el **olijfolie**

2 **teentjes knoflook**, geperst

¼ tl geraspte **nootmuskaat**

3 dl **room**

250 g **mascarpone**

zout en **peper**

geroosterd **amandelschaafsel**, ter garnering

15 VOOR

10 TIJD

4 PORTIES

subtiel

Jonge spinazie heeft kleiner blad en geen stelen en kan hier ook gebruikt worden. Probeer deze saus met verse volkorenfusilli of andere korte, geribbelde pasta.

1 Doe de spinazie in een grote pan met alleen aanhangend water. Kook hem 5 minuten, tot hij is geslonken. Haal de spinazie van het vuur, laat hem goed uitlekken en druk alle overtollige water eruit. Hak de spinazie fijn en zet hem weg.

2 Verhit de olie in een grote pan en bak de knoflook in 2 minuten op laag vuur zacht. Roer de nootmuskaat, room en mascarpone erdoor en breng op smaak met zout en peper. Zet het vuur hoger en breng het mengsel tegen de kook aan.

3 Voeg de spinazie toe, roer en kook de saus 1 minuut. Garneer met het amandelschaafsel en serveer meteen.

Kazige ei-roomsaus

Hoewel je deze saus niet echt hoeft te koken, wordt hij eigenlijk gekookt als hij met de pasta wordt gemengd. Voeg de gekookte, uitgelekte pasta (tagliatelle is een goede keuze) toe aan de saus in de pan en verhit het mengsel al roerend voorzichtig.

1 Klop de eidooiers in een pan. Voeg de room, boter, het zout, de peper en kaas toe en meng alles goed.

5 VOOR

0 TIJD

4 PORTIES

simpel

8 **eidooiers**

1,5 dl **slagroom**

125 g **boter**, in heel kleine blokjes

1 tl **zout**

1½ tl **peper**

50 g **Parmezaanse kaas**, geraspt

Gorgonzola-saus

25 g **boter**

250 g **gorgonzola**, verkruimeld

1,5 dl **slagroom**

2 el **droge vermout**

1 tl **maizena**

2 el gehakte **salieblaadjes**, plus hele blaadjes ter garnering

zout en **peper**

VOOR 5

TIJD 5

PORTIES 4

rijk

Gorgonzola is een romige, gelige, halfzachte kaas met kenmerkende blauwgroene aders en een volle smaak. Hij werd meer dan duizend jaar geleden voor het eerst geproduceerd in het Noord-Italiaanse dorp Gorgonzola.

1 Smelt de boter in een pan met dikke bodem. Verdeel de verkruimelde gorgonzola erover en roer 2 minuten op zeer laag vuur tot de kaas is gesmolten.

2 Voeg de room, vermout en maizena toe en klop goed tot de verschillende ingrediënten zich met elkaar hebben gebonden. Verhit de saus al kloppend tot hij kookt en indikt. Breng op smaak met zout en peper en garneer met salieblaadjes.

Mascarpone-walnootsaus

Dit is nog zo'n heel snel en eenvoudig te bereiden saus en een ode aan de combinatie van romige mascarpone en knapperige walnoten. Serveer er farfalle of conchiglie bij.

1 Smelt de boter in een pan. Voeg de mascarpone toe en verhit hem zeer langzaam, zonder hem te laten koken, tot hij is gesmolten.

2 Voeg de Parmezaanse kaas, walnoten en het bieslook toe en warm de saus goed door. Breng op smaak met zout en peper.

5 VOOR

5 TIJD

4 PORTIES

snel

25 g **boter**

375 g **mascarpone**

50 g **Parmezaanse kaas**, versgeraspt

100 g gedopte **walnoten**, grof gehakt

1 el geknipt **bieslook**

zout en **peper**

Kazige citroen-wodkasaus

2 el milde **olijfolie**

dunne reepjes **schil van 1 citroen**

2 **teentjes knoflook**, in dunne plakjes

1 rode **Spaanse peper**, zonder zaadjes en in dunne ringetjes

2 tl gehakte **tijm**, plus extra ter garnering

100 g **roomkaas**

2 el **wodka**

1 el **citroensap**

zout

2 el geroosterd **amandelschaafsel**, ter garnering

10 VOOR

5 TIJD

2 PORTIES

pittig

Deze pittige saus met Spaanse peper en wodka kan precies zijn wat je zoekt als je zin hebt in een eenvoudige lunch of avondmaaltijd om je smaakpapillen een oppepper te geven.

1 Verhit de olie in een pan en voeg de citroenschil, knoflook, Spaanse peper en tijm toe. Bak ze 2-3 minuten zachtjes, tot ze beginnen te verkleuren.

2 Voeg de roomkaas toe en verhit hem zachtjes tot hij de consistentie van room krijgt. Roer de wodka, het citroensap en wat zout erdoor. Garneer met het amandelschaafsel en de extra tijm.

Champignon-kruidenkaas-saus

Champignons, witte wijn en kaas vormen samen een frisse saus waarmee je indruk zult maken. Serveer hem met spinazietagliatelle voor wat extra kleur en smaak.

10 VOOR

10 TIJD

4 PORTIES

kruidig

1 el **olijfolie**

1 **ui**, gehakt

2 **teentjes knoflook**, geperst

2 el geknipt **bieslook**

250 g **champignons**, in plakjes

1,25 dl droge **witte wijn**

50 g **kruidenkaas met peper**

1,25 dl **slagroom**

zout en **peper**

1 Verhit de olie in een pan en bak de ui en knoflook er zacht in. Voeg de helft van het bieslook, de champignons en de wijn toe.

2 Breng alles aan de kook en laat de saus 2 minuten koken. Haal hem dan van het vuur, roer de kaas en room erdoor en breng op smaak met zout en peper. Roer tot alles warm is en garneer dan met de rest van het bieslook.

kaas **225**

Vierkazensaus

25 g **boter**

1 **ui**, gehakt

2-3 **teentjes knoflook**, geperst

125 g **doorregen spek**, zonder zwoerd en in blokjes

75 g **bel paese**, versgeraspt

75 g belegen **cheddar**, versgeraspt

75 g **gruyère**, versgeraspt

50 g **Parmezaanse kaas**, versgeraspt

3 dl **slagroom**

2 el gehakte **peterselie**

2 el gehakt **bieslook**

1 el gehakt **basilicum**

5 VOOR

10 TIJD

6 PORTIES

rijk

Doorregen spek geeft deze pittige kaassaus een heerlijk rokerige smaak. Het is belangrijk dat alle kaassoorten versgeraspt en de kruiden versgehakt zijn; op die manier haal je het meeste uit hun smaak.

1 Smelt de boter in een pan. Voeg de ui en knoflook toe en bak ze zachtjes, zonder ze bruin te laten worden, 2-3 minuten. Voeg het spek toe en bak het 5 minuten onder af en toe roeren.

2 Roer de kazen en room erdoor. Roer de kruiden erdoor als de kaas gesmolten is.

Broccoli-blauwekaas-saus

Broccoli en blauwe kaas zijn een fantastische combinatie in deze eenvoudige maar verrukkelijke pastasaus. Hij is in een mum van tijd klaar en is ideaal na een dag hard werken. Probeer deze saus eens met volkorenconchiglie.

1 Kook de broccoliroosjes in 3 minuten in lichtgezouten water net gaar. Giet ze af en houd ze warm.

2 Zet de pan weer op het vuur en doe de blauwe kaas, boter en slagroom of crème fraîche erin. Verhit ze al roerend zachtjes tot een gladde saus. Voeg indien nodig zout en peper toe.

3 Doe de broccoli terug in de pan en schep hem goed om met de kaassaus.

5 VOOR

5 TIJD

4 PORTIES

simpel

250 g **broccoli**, in kleine roosjes

125 g **blauwe kaas**

50 g **boter**

1,25 **slagroom** of **crème fraîche**

zout en **peper**

Driekazen-pesto

200 g **basilicumblaadjes**, plus extra takjes ter garnering

1,75 ml **olijfolie**

75 g **pijnboompitten**

4 **teentjes knoflook**, gehakt

175 g **Parmezaanse kaas**, versgeraspt

25 g **cheddar**, versgeraspt

50 g **ricotta**

50 g zachte **boter**

zout

VOOR 10

TIJD 0

4-6 PORTIES

simpel

Dit is nog zo'n saus die 'kookt' als je de pasta eraan toevoegt. Je kunt hem van tevoren bereiden en hem dan eenvoudigweg op laag vuur door gekookte, uitgelekte pasta roeren tot de kaas is gesmolten en het geheel goed warm is.

1 Doe de basilicumblaadjes, olie, pijnboompitten en knoflook in een blender of keukenmachine en pureer ze glad.

2 Doe de pesto in een kom en roer de kazen en zout naar smaak erdoor. Klop de boter erdoor en voeg 1 eetlepel heet water toe om de saus iets losser te maken. Garneer met takjes basilicum.

Dolcelattesaus

De volle, romige smaak van dolcelatte heeft de hoofdrol in deze eenvoudige saus. Koop kaas van goede kwaliteit en serveer er tagliatelle bij en je hebt het ultieme fastfood!

5 VOOR

5 TIJD

4 PORTIES

rijk

25 g **boter**

175 g **dolcelatte**, in blokjes

1,5 dl **slagroom**

2 tl fijngehakte **salie**, plus hele blaadjes voor de garnering

peper

1 Smelt de boter in een pan met dikke bodem. Voeg de kaas toe en smelt hem op zeer laag vuur.

2 Roer beetje bij beetje de room erdoor en klop hem met een houten lepel stevig door de kaas. Haal de pan van het vuur en roer de salie en peper naar smaak door het kaasroommengsel. Garneer met hele salieblaadjes.

snel en
eenvoudig

Snelle carbonarasaus

440 g gedroogde **spaghetti** of andere lange dunne pasta

2 el **olijfolie**

1 **ui**, fijngehakt

200 g **pancetta**, in blokjes

2 **teentjes knoflook**, fijngehakt

3 **eieren**

4 el versgeraspte **Parmezaanse kaas**

3 el gehakte **bladpeterselie**

3 el **room**

zout en **peper**

10 VOOR

10 TIJD

4 PORTIES

klassiek

Deze supersnelle saus overtuigt iedereen ervan nooit meer een potje te kopen. Een groene salade is hier lekker bij.

1 Kook de pasta 8-10 minuten in een pan gezouten kokend water of volgens de aanwijzingen op de verpakking.

2 Verhit intussen de olie in een grote koekenpan met antiaanbaklaag. Bak de ui er zacht in. Voeg de pancetta en knoflook toe en bak ze 4-5 minuten zachtjes.

3 Klop de eieren los met de Parmezaanse kaas, peterselie en room. Breng op smaak met zout en peper en zet weg.

4 Giet de pasta af en doe hem bij de ui en pancetta. Roer ze op laag vuur door elkaar en schenk dan het eimengsel erover. Roer alles en haal de pan van het vuur. Blijf enkele seconden mengen, tot de eieren iets gaar en romig zijn.

Kippenlever-saliesaus

Kippenlevers hebben een gladde, romige textuur die je bij geen andere vleessoort ziet. Serveer er een tomatensalade of een knapperige groene salade met een frisse zure dressing bij. Deze saus is heel lekker met verse tagliatelle met kruiden- of zwartepepersmaak.

1 Spoel de kippenlevers af en dep ze goed droog met keukenpapier. Snijd ze in kleine stukjes en gooi wittige, vette delen weg.

2 Verhit de olie in een grote koekenpan. Doe de hele salieblaadjes erin en bak ze in 30 seconden knapperig. Haal ze met een schuimspaan uit de olie en dep overtollige olie eraf met keukenpapier.

3 Doe de boter in de pan en bak de sjalotjes er in 3 minuten zacht in. Roer de knoflook en kippenlevers erdoor en bak ze al roerend 2-3 minuten zachtjes, tot de kippenlevers lichtbruin maar nog roze in het midden zijn.

4 Roer de marsala, room en reepjes salie erdoor en verhit het geheel tot het bubbelt. Breng op smaak met zout en peper en garneer met de gebakken salieblaadjes.

10 VOOR

10 TIJD

4 PORTIES

rustiek

500 g verse **kippenlevers**

3 el **olijfolie**

20 **salieblaadjes**, 8 in reepjes en 12 heel gelaten ter garnering

25 g **boter**

2 **sjalotjes**, fijngehakt

2 **teentjes knoflook**, geperst

4 el **marsala**

3 el **room**

zout en **peper**

Pesto-zalm-saus

2 el **olijfolie**

1 **ui**, in dunne ringen

400 g **zalm** uit blik

150 g **doperwten** uit de diepvries

2 el **pesto**

1 el **citroensap**

25 g **Parmezaanse kaas**, versgeraspt, plus geschaafd ter garnering

zout en **peper**

VOOR

TIJD

PORTIES

Zalm uit blik is misschien niet zo lekker als verse zalm, maar is wel ideaal om in een paar minuten een lekker maal op tafel te zetten. Pesto uit een potje is om dezelfde reden heel handig om op voorraad te hebben. Je kunt zowel groene als rode pesto gebruiken. De laatste is op smaak gebracht met paprika en tomaat.

1 Verhit de olie in een koekenpan, voeg de ui toe en bak hem in 5 minuten zacht. Laat de zalm uitlekken en verwijder vel en eventuele graten. Verdeel de zalm met een vork in vlokken.

2 Kook de doperwten 3 minuten in lichtgezouten water. Giet ze af en bewaar een paar eetlepels van het kookvocht. Doe de erwten in de koekenpan.

3 Roer de pesto, het citroensap, de Parmezaanse kaas, ui en zalm erdoor. Breng licht op smaak met zout en peper en schep alles voorzichtig om. Serveer met geschaafde Parmezaanse kaas.

Prosciutto-doperwten-saus

Als er verse erwten zijn, gebruik die dan in plaats van erwten uit de diepvries. Je moet ze wat langer koken, maar ze geven een extra frisse smaak. Serveer de saus met conchiglie of gnocchi.

1 Smelt de boter in een pan, voeg de prosciutto toe en bak hem in 1-2 minuten lichtbruin.

2 Voeg de petits pois en lente-uitjes toe en bak ze 2-3 minuten.

3 Schenk de room erbij en breng licht op smaak. Breng het geheel aan de kook, zet het vuur laag en laat de saus op matig vuur al roerend sudderen tot hij is ingedikt. Roer de Parmezaanse kaas erdoor.

10 VOOR

10 TIJD

4 PORTIES

simpel

50 g **boter**

250 g **prosciutto**, in blokjes

300 g **petits pois** uit de diepvries, ontdooid

6 **lente-uitjes**, inclusief het groene deel, in dunne ringen

3 dl **slagroom**

zout en **peper**

50 g **Parmezaanse kaas**, versgeraspt

Champignon-bacon-tomatensaus

3 el **olijfolie**

8 **zongedroogde tomaten** in olie, uitgelekt en gehakt

1 **teentje knoflook**, geperst

125 g **champignons**, in plakjes

125 g **rugspek**, zonder zwoerd, gegrild

zout en **peper**

4 grote **salieblaadjes**, gescheurd, ter garnering

10 VOOR

3 TIJD

4 PORTIES

rijk

De combinatie van zongedroogde tomaten en knapperig spek geeft deze saus een heerlijke volle smaak. Serveer hem met fusilli.

1 Verhit de olie in een grote pan en bak de zongedroogde tomaten, knoflook en champignons er al roerend 2 minuten in.

2 Verkruimel het gegrilde spek erboven en verhit het 1 minuut mee. Breng op smaak met zout en peper en serveer met de salieblaadjes.

Spaansepeper-knoflooksaus

Deze pastasaus kon met zijn slechts vier ingrediënten niet eenvoudiger zijn. Het is een typisch voorbeeld van de no-nonsensebenadering van de Italiaanse keuken. Serveer deze saus met spaghetti.

1 Verhit de olie in een koekenpan, voeg de knoflook en Spaanse peper toe en bak ze 1-2 minuten.

2 Voeg de peterselie toe en breng op smaak met zwarte peper.

10 VOOR

2 TIJD

4 PORTIES

simpel

2 el **olijfolie**

4 **teentjes knoflook**, fijngehakt

1 **rode Spaanse peper**, zonder zaadjes en gehakt

2 el gehakte **peterselie**

peper

Pittige olijvensaus

1,25 dl **olijfolie**

½ tl **gemalen gember**

snufje versgeraspte **nootmuskaat**

1 **teentje knoflook**, geperst

3 el **kappertjes** in pekel, afgespoeld en uitgelekt

75 g ontpitte **zwarte olijven**, in plakjes

2 el gehakte **peterselie**

zout en **peper**

takjes **basilicum**, ter garnering

10 VOOR

2 TIJD

4 PORTIES

pittig

Kappertjes zijn een geweldig alternatief voor ansjovis in vegetarische sauzen, omdat ze ook een intense, zoutige smaak hebben. Deze saus heeft een flinke textuur en gaat dus goed samen met penne.

1 Verhit de olie in een pan en voeg de gember, nootmuskaat, knoflook, kappertjes, olijven en gehakte peterselie toe.

2 Breng op smaak met zout en peper en roer alles op laag vuur 1-2 minuten. Garneer met takjes basilicum.

Romige wodka-tomatensaus

De wodka geeft deze romige pastasaus een bijzondere kick en maakt er echt een topper van. Er wordt veel Parmezaanse kaas gebruikt in deze saus, maar dat is om de pasta en de saus aan elkaar te binden.

1 Smelt de boter in een pan op laag vuur en roer de tomatenpuree en room erdoor.

2 Haal de pan van het vuur en doe de wodka en wat zout en peper erin. Garneer met basilicum en serveer met Parmezaanse kaas.

5 VOOR

2 TIJD

6 PORTIES

lekker

50 g **boter**

6 el **tomatenpuree**

4,5 dl **room**

9 el **wodka**

zout en **peper**

1 el gehakt **basilicum**, ter garnering

6 el versgeraspte **Parmezaanse kaas**, voor erbij

Kruiden-citroensaus

VOOR

TIJD

PORTIES

10 el **olijfolie**

8 **lente-uitjes**, inclusief het groene deel, fijngehakt

fijn geraspte **schil van** 1 **citroen**

75 g **gemengde verse kruiden,** zoals bladpeterselie, rucola, tijm, majoraan, basilicum, rozemarijn, gehakt

zout en **peper**

VOOR ERBIJ:

4 el geroosterd **broodkruim**

50 g **Parmezaanse kaas**, versgeraspt

Dit is een echt zomergerecht dat samen met een eenvoudige tomatensalade met uien een complete maaltijd vormt. Verse kruiden zitten boordevol smaak, dus zijn er weinig andere ingrediënten nodig. Deze saus is het lekkerst met farfalle of fusilli.

1 Verhit de olie tot zeer heet. Haal de pan van het vuur en roer meteen de lente-uitjes, citroenschil en kruiden door de olie.

2 Breng royaal op smaak met zout en peper en serveer de saus heet met het broodkruim en de Parmezaanse kaas.

Citrus-crèmefraîche-saus

Deze lichte, frisse saus bevat citroenschil en -sap voor een echte citruskick. Serveer hem met groene tagliatelle voor een kleurrijk lunchgerecht.

VOOR 5

TIJD 5

PORTIES 4

licht

250 g **crème fraîche**

1 el geraspte **citroenschil**

1 el **citroensap**

2 el gehakte **peterselie**

zout en **peper**

GARNERING:

reepjes **citroenschil**

takjes **peterselie**

1 Doe de crème fraîche in een pan met de citroenschil en het -sap. Roer ze op laag vuur door elkaar tot de crème fraîche heel romig wordt.

2 Roer de gehakte peterselie erdoor, breng op smaak met zout en peper en garneer met citroenschil en takjes peterselie.

Citroenpesto

1 grote bos **basilicum**

75 g geroosterde **pijnboompitten**

1 **teentje knoflook**

75 g **Parmezaanse kaas**, versgeraspt

geraspte **schil van 2 citroenen**

4 el **citroensap**

3 el **olijfolie**

zout en **peper**

VOOR 5

TIJD 0

PORTIES 4

fris

Deze fris smakende pastasaus heeft erg weinig ingrediënten maar toch een zeer volle smaak. Hij is zo snel en eenvoudig te bereiden dat hij ideaal is voor elke gelegenheid.

1 Doe alle ingrediënten in een keukenmachine of blender en pureer ze glad. Breng op smaak met zout en peper.

Salie-boter-saus

Verbrande boter smaakt fantastisch en is een van de eenvoudigste dingen om te maken, hoewel een juiste timing van cruciaal belang is. Je moet de boter alleen een beetje bruin laten worden, dus zodra je dat ziet gebeuren voeg je het citroensap toe om het kookproces te stoppen.

1 Verhit de boter in een koekenpan op matig vuur en voeg de pijnboompitten en salie toe. Roer tot de pijnboompitten lichtbruin zijn en de boter licht goudbruin is.

2 Houd het citroensap bij de hand en zet wanneer de boter licht goudbruin is het vuur uit en schenk snel het citroensap in de pan.

3 Breng de boter op smaak met zout en strooi voor het serveren de Parmezaanse kaas over de saus.

5 VOOR

5 TIJD

4 PORTIES

kruidig

50 g **boter**

50 g **pijnboompitten**

15 **salieblaadjes**, in reepjes

2 el **citroensap**

zout

versgeraspte **Parmezaanse kaas**, voor erbij

Prei-champignon-saus

VOOR 10

TIJD 7

PORTIES 4

licht

- 2 el **olijfolie**
- 2 grote **preien**, in ringen
- 300 g **(kastanje)champignons**, in vieren
- 3 **teentjes knoflook**, geperst
- 2 el gehakte **salie** (naar keuze)
- versgeraspte **nootmuskaat**
- 4 el **slagroom**
- 1 tl **maizena**
- 200 g **Griekse yoghurt**
- 100 g **taugé**
- **zout** en **peper**

Deze saus op yoghurtbasis is veel lichter dan de typische volle roomsauzen en heeft een frisse smaak. Taugé geeft kleur, textuur en heel veel voedingsstoffen, maar je kunt er ook voor kiezen om bijvoorbeeld zonnebloempitten, pijnboompitten om geroosterd amandelschaafsel te gebruiken.

1 Verhit de olie in een grote koekenpan. Voeg de prei, champignons, knoflook, salie (als je die gebruikt), veel nootmuskaat en wat zout en peper toe. Bak alles 5 minuten zachtjes.

2 Meng in een kom de slagroom en maizena tot een glad papje en roer de yoghurt erdoor.

3 Voeg het yoghurtmengsel en de taugé toe aan het preimengsel en doe er een paar eetlepels heet water bij. Verhit het geheel 2 minuten zachtjes. Laat de saus niet koken, want dan gaat hij schiften.

Walnoten-pijnboom-pittensaus

Deze saus heeft een ruwe textuur en een geroosterde, notige smaak die wordt aangevuld door de boter en kaas.

VOOR

TIJD

PORTIES

250 g **walnoten**, gedopt

1 tl **pijnboompitten**

2 **teentjes knoflook**

50 g **boter**

25 g **Parmezaanse kaas**, versgeraspt

2,5 dl **room**

zout en **peper**

1 Rooster de walnoten licht onder een voorverwarmde grill. Wrijf dan de velletjes eraf. Hak de noten fijn met de pijnboompitten en knoflook (of doe ze in een keukenmachine of blender).

2 Smelt de boter in een pan, voeg de gehakte noten toe en bak ze op matig vuur goudbruin. Breng het geheel op smaak met zout en peper, haal het van het vuur en roer de Parmezaanse kaas erdoor. Schenk de room erbij en meng alles goed. Zet de saus weer op het vuur en warm hem goed door.

Broccoli-chilisaus

500 g **broccoli**, in roosjes

gedroogde chilivlokken, naar smaak

50 g **boter**

100 g **Parmezaanse kaas**, versgeraspt

zout en **peper**

VOOR 10

TIJD 3

4 PORTIES

simpel

Broccoli zit vol ijzer en daarom is dit een heel goed recept voor vegetariërs, die ervoor moeten zorgen dat ze veel groene groenten eten. De chilivlokken geven een pittige afwerking zonder afbreuk te doen aan het hoofdingrediënt.

1 Kook de broccoli in 3 minuten in lichtgezouten water net gaar. Giet hem af, breek hem in kleinere stukken en snijd de stelen in stukjes. Doe de broccoli in een kom.

2 Voeg de chilivlokken, boter en de helft van de Parmezaanse kaas toe. Meng goed en voeg eventueel wat water toe om het mengsel vochtig te houden. Breng op smaak met zout en peper. Serveer met de geraspte Parmezaanse kaas.

Rucola-kerstomatensaus

In deze snelle saus wordt rucola gebruikt als ware het spinazie: hij wordt door het knoflook-tomatenmengsel geroerd tot hij is geslonken. Daarna wordt als smaakmaker balsamicoazijn toegevoegd.

1 Verhit de olie in een koekenpan, voeg de knoflook toe en bak hem in 1 minuut goudbruin. Voeg de tomaten toe en kook ze nog geen minuut. Ze moeten alleen goed heet worden om uit elkaar te beginnen te vallen.

2 Besprenkel de tomaten met balsamicoazijn en laat deze verdampen. Schep dan de rucola erdoor. Roer voorzichtig om alles te mengen en verhit de rucola tot hij is geslonken. Breng op smaak met zout en peper en serveer met veel geschaafde Parmezaanse kaas.

VOOR 10

TIJD 2

PORTIES 4

snel

3 el **olijfolie**

2 **teentjes knoflook**, fijngehakt

500 g zeer rijpe **kerstomaten**, gehalveerd

1 el **balsamicoazijn**

175 g **rucola**

zout en **peper**

geschaafde **Parmezaanse kaas**, voor erbij

Courgettesaus

2 tl **olijfolie**

2 **uien**, fijngehakt

2 **courgettes**, in dunne plakken

1 el versgeraspte **Parmezaanse kaas**

zout

VOOR 10

TIJD 10

4 PORTIES

simpel

Als er courgettebloemen zijn, kun je deze wassen, snijden en toevoegen als je de uien en courgettes bakt. Ze hebben een heel subtiele smaak.

1 Verhit de olie in een grote koekenpan, voeg de uien toe en bak ze in 5 minuten rustig zacht en glazig.

2 Voeg na 3 minuten de courgettes toe en bak ze tot ze net gaar zijn. Roer regelmatig om aanbakken te voorkomen. Dek de pan af als de courgettes dreigen te verbranden aan de buitenkant voordat ze vanbinnen gaar zijn. Voeg zout naar smaak toe.

3 Voeg een soeplepel heet water en de Parmezaanse kaas toe en roer het geheel tot een vochtige romige saus.

Blauwekaas-saus

Blauwe kaas heeft zo'n heerlijke sterke smaak dat het helemaal geen zin heeft om te proberen er met andere ingrediënten de strijd mee aan te gaan. Boter en room vormen het vloeibare element in deze saus, die in een kwestie van minuten klaar is.

1 Verkruimel de kaas in een kleine pan en voeg de boter en room toe.

2 Kook ze op laag vuur tot de kaas gesmolten is en het mengsel heet is. Breng op smaak met peper.

5 VOOR

2 TIJD

4 PORTIES

kazig

300 g **gorgonzola** of **dolcelatte**

75 g **boter**

1,5 dl **slagroom**

peper

Groentesaus met worst

3 el **olijfolie**

25 g **boter**

½ **ui**, **gehakt**

1 kleine **wortel**, in dunne plakjes

1 stengel **bleekselderij**, in plakjes

125 g **Italiaanse worst**, zoals salami, ontveld en verkruimeld

½ kleine **gele paprika**, zonder zaad en zaadlijsten, in blokjes

4 **basilicumblaadjes**, gescheurd, plus extra hele blaadjes ter garnering

50 ml droge **rode wijn**

VOOR ERBIJ:

2 el versgeraspte **pecorino**

2 el versgeraspte **Parmezaanse kaas**

VOOR 10

TIJD 10

4 PORTIES

hartig

De Italiaanse worst geeft deze hartige groentesaus een heel intense smaak, terwijl de combinatie van pecorino en Parmezaanse kaas een rijke, romige afwerking geeft.

1 Verhit de olie en boter in een braadpan, voeg de ui, wortel en bleekselderij toe en bak ze op laag vuur 4 minuten.

2 Voeg de worst, paprika en het basilicum toe en meng alles goed. Bak het 3-4 minuten op matig vuur, tot de worst bruin is. Voeg de rode wijn toe. Garneer met basilicumblaadjes en serveer met de twee soorten geraspte kaas.

Peperoni-condiverdi-saus

Deze saus kan ook gebruikt worden als pizzasaus of als beleg voor bruschetta. Het is heel handig om de ingrediënten voor deze saus altijd in huis te hebben, want het zijn er maar een paar en je draait er zo een maaltijd mee in elkaar. Serveer de saus met spaghetti en vers, knapperig brood.

1 Verhit de olie in een pan en voeg de antipasto, peper en peterselie toe. Roer goed.

2 Verhit alles rustig 1 minuut, tot het goed het is. Voeg zout naar smaak toe en serveer met geschaafde Parmezaanse kaas.

5 VOOR

2 TIJD

4 PORTIES

rustiek

6 el **olijfolie**

285 g **peperoni condiverdi** (saus van ingelegde paprika)

1 tl **peper**

2 el gehakte peterselie

zout

125 g **Parmezaanse kaas**, geschaafd, voor erbij

register

a
aardappels
  pesto genovese 36
  walnotenpesto genovese 145
aardperen-speksaus 67
Alfredosaus 140
amandelen
  amandel-peterseliepesto 157
  kazige citroen-wodkasaus 224
  pesto trapanese 25
  spinazie-kaassaus 220
  zongedroogde-tomatenpesto met amandelen 148
amatricianasaus 34
ansjovis
  ansjovis-knoflooksaus 43
  ansjovis-olijvensaus 174
  ansjovis-oreganosaus 173
  aubergine-paprika-olijvensaus 169
  champignon-ansjovissaus 209
  champignon-citroen-ansjovissaus 168
  garnalen-ansjovissaus 205
  geroosterdepaprika-ansjovissaus 172
  hete jalapeñotapenade 171
  olijven-kappertjestapenade 170
  paprika-ansjovissaus 208
  pikante puttanescasaus 207
  saffraan-sardinesaus 190
  sardine-knoflook-tomatensaus 41
  Syracusesaus 33
arrabiatasaus met knoflookkruimels 72
artisjokken
  aardperen-speksaus 67
  romige krab-artisjoksaus 179
  tuinbonen-artisjokkenpesto 144
asperges
  asperge-champignonsaus 159
  gerooktezalmsaus met asperges 195
  primaverasaus 37
  salsa primavera verde 106
aubergines
  aubergine-paprika-olijvensaus 169
  aubergine-tomaat-speksaus 77
  buongustaiosaus 31
  pikante aubergine-tomatensaus 160
  ratatouille 112
  saus van geroosterde groenten 46
  Siciliaanse saus 30
  zoet-pittige auberginesaus 121
avocado
  avocado-roomsaus 126
  guacamolesaus 125

b
bacon *zie* spek
basilicum
  citroenpesto 242
  driekruidensaus 35
  kruiden-knoflooksaus 156
  pesto genovese 36
  pesto met groene olijven 103
  pesto trapanese 25
  pesto 24
  verse tomaten-basilicumsaus 123
basistomatensaus 48
blauwe kaas
  blauwekaassaus 249
  broccoli-blauwekaassaus 227
  dolcelattesaus 229
  gorgonzolasaus 222
  romige walnoot-dolcelattesaus 216
bleekselderij
  groentebolognese 110
  groenteragout 113
  groentesaus met worst 250
  Italiaanse groentesaus 155
  kikkererwten-tomatensaus 104
  kip-dragonsaus 80
  pancetta-selderijsaus 70
  primaverasaus 37
  rijke bolognesesaus 57
boerenkool, groene saus met tuinbonen 129
bolognesesaus 28
  bolognesesaus met linzen 29
  groentebolognese 110
  groentebolognese met linzen 163
  rijke bolognesesaus 57
  sojabolognese met tomaten en champignons 108
  sojabolognese met verse tomaat en soja 107
bonen
  gemengdebonensaus 154
  kerrie-bonensaus 133
  pancetta-bonen-knoflooksaus 71
borlottibonen, spek-saliesaus met 56
boterige tomatensaus 111
bouillons 18-20
brandewijn, garnalen-brandewijnsaus 187
broccoli-blauwekaassaus 227
broccoli-chilisaus 246
buongustaiosaus 31

c
Calabrische saus 53
calaloosaus 153
camembert, walnoten-camembert-gruyèresaus 218
cantharellenroomsaus 138
carbonarasaus, snelle 232
cashewnoten, pikante koriander-cashewnotenpesto 146
champignon-ansjovissaus 209
champignon-bacon-tomatensaus 236
champignon-citroen-ansjovissaus 168
champignon-kruidenkaassaus 225
cheddar
  champignon-citroen-ansjovissaus 168
  ham-champignonsaus 95
  koriander-walnootsaus 116
  vierkazensaus 226
chilisaus 51
ciabatta, ciabattasaus met parmezaanse kaas 217
ciabattasaus met parmezaanse kaas 217
citroenen
  champignon-citroen-ansjovissaus 168
  citroenpesto 242
  citrus-crèmefraîchesaus 241
  kazige citroen-wodkasaus 224
  krab-citroensaus 180
  kruiden-citroensaus 240
citrus-crèmefraîchesaus 241
courgettes
  courgette-rodepestosaus 143
  courgettesaus 248
  courgettesaus met rozemarijn 130
  gerooktezalm-dillesaus 198
  groentebolognese met linzen 163
  Italiaanse groentesaus 155
  primaverasaus 37
  ratatouille 112
  saus van geroosterde groenten 46
  Syracusesaus 33
crème fraîche
  citrus-crèmefraîchesaus 241
  gerooktezalm-wodkasaus 196

d
dille
  gerooktezalm-dillesaus 198
  gerooktezalm-wodkasaus 196
dolcelatte
  blauwekaassaus 249
  dolcelattesaus 229
  romige walnoot-dolcelattesaus 216
doperwten
  gerooktezalm-dillesaus 198
  ham-erwten-champignonsaus 78
  pesto-zalmsaus 234
  prei-walnootsaus met tofoe 150
  primaverasaus 37
  prosciutto-doperwtensaus 235
  rode saus met erwten 97
  salsa primavera verde 106
  saus in ciociarastijl 32
  zongedroogde-tomatensaus met olijven 101
dragon
  kip-dragonsaus 80
  rivierkreeftsaus met dragon 183
driekazenpesto 228
driekazensaus 47
driekruidensaus 35
duivenborst, wildsaus met paddenstoelen 86

e

eieren
- kazige ei-roomsaus 221
- snelle carbonarasaus 232
- tomaten-eiersaus 105

f

flageoletbonen, pancetta-bonen-knoflooksaus 71

g

garnalen
- garnalen-ansjovissaus 205
- garnalen-brandewijnsaus 187
- garnalen-mosselsaus 186
- garnalen-wodkasaus 185
- pittige garnalensaus 188
- tomaten-champignonsaus met garnalen 189

gehaktballensaus 26

geitenkaas
- geitenkaas-pijnboompittensaus 212
- geitenkaas-waterkerspesto 214
- rucola-geitenkaaspesto 213

gelepaprikasaus 135
gember, marinarasaus met gember 200
gember-limoensaus met gerookte zalm 197
gemengdebonensaus 154
gerookte zalm *zie* zalm
gerooktezalm-dillesaus 198
gerooktezalmsaus met asperges 195
gerooktezalm-wodkasaus 196
geroosterdepaprika-ansjovissaus 172
geroosterdepaprikasaus 120
geroosterdepaprika-walnootsaus 117
gladde groentesaus 152

gorgonzola
- blauwekaassaus 249
- gorgonzolasaus 222

groene peperkorrels
- champignon-pepersaus 158
- lam-preisaus met peperkorrels 89
- prei-pepersaus 151

groene saus met tuinbonen 129
groenepaprika-korianderpesto 147
groentebolognese met linzen 163
groentebolognese 110
groentebouillon 21
groenteragout 113
groentesaus met worst 250

gruyère
- paddenstoelen-gruyèresaus 219
- vierkazensaus 226
- walnoten-camembert-gruyèresaus 218

guacamolesaus 125

h

haassaus 91

ham
- ham-champignonsaus 95
- ham-erwten-champignonsaus 78
- ham-tomaten-kaassaus 96
- hete prosciutto-tomatensaus 62
- prosciutto-doperwtensaus 235
- prosciutto-porcinisaus 66
- rijke bolognesesaus 57
- saus in ciociarastijl 32
- tuinbonen-prosciutto-muntsaus 65
- vierkruiden-prosciuttosaus 58

hazelnoten
- geitenkaas-pijnboompittensaus 212
- pittige balsamicosaus 124

heilbot, zeevruchtensaus 201
hete jalapeñotapenade 171

i

Italiaanse groentesaus 155

k

kappertjes
- hete jalapeñotapenade 171
- olijven-kappertjestapenade 170
- pikante puttanescasaus 207
- pittige olijvensaus 238
- puttanescasaus 45
- sardine-knoflook-tomatensaus 41
- tartaarsaus met inktvis en tomaat 184
- zongedroogde-tomatensaus met olijven 101

karrenmennerssaus 38
kastanjes, worst-kastanje-walnotensaus 74
kazige citroen-wodkasaus 224
kazige ei-roomsaus 221
kerrie-bonensaus 133
kervel, gember-limoensaus met gerookte zalm 197
kidneybonen, kerrie-bonensaus 133

kikkererwten
- kikkererwten-tahinsaus 142
- kikkererwten-tomatensaus 104
- zoeteaardappel-kikkererwtensaus 132

kip
- kip-champignonsaus 82
- kip-dragonsaus 80
- kippenbouillon 19
- kip-rozemarijnsaus 81
- kip-tomatensaus 83

kippenlevers
- kippenlever-champignonsaus met marsala 85
- kippenlever-saliesaus 233
- kippenleversaus 84

konijn
- konijn-rodewijnsaus 92
- volle konijnsaus 93

kool, pittige worstensaus 52

koriander
- groenepaprika-korianderpesto 147
- koriandersaus 27
- koriander-walnootsaus 116
- pikante koriander-cashewnotenpesto 146
- pittige geroosterdepaprika-korianderpesto 119
- zongedroogde-tomatensaus met koriander 149

krab
- krab-citroensaus 180
- pikante krabsaus 181
- romige krab-artisjoksaus 179
- saus van gemengde zeevruchten 202

kreeftensaus 178

kruiden
- champignon-kruidenkaassaus 225
- kruiden-citroensaus 240
- kruiden-knoflooksaus 156
- kruidige all'arrabiatasaus 44
- kruidige zalmsaus 199
- vierkruiden-prosciuttosaus 58

l

lam
- lam-preisaus met peperkorrels 89
- pittige gehaktballetjessaus 88

lever
- kippenlever-champignonsaus met marsala 85
- kippenlever-saliesaus 233
- kippenleversaus 84
- paté-roomsaus 87

limoen, gember-limoensaus met gerookte zalm 197

linzen
- bolognesesaus met linzen 29
- groentebolognese met linzen 163
- linzen-tomatensaus 109

m

maggiplant, kruidige zalmsaus 199
marinarasaus met gember 200

mascarpone 17
- mascarpone-walnootsaus 223
- worst-mascarponesaus 76
- zeeduivel-mascarponesaus 194

mediterrane groentesaus 161
mediterrane vissaus 204

mosselen
- garnalen-mosselsaus 186
- marinarasaus met gember 200
- mossel-saffraansaus 177
- mossel-tomatensaus 176

mosterd, worst-mosterd-roomsaus 73

mozzarella 17
- gelepaprikasaus 135
- tuinbonen-prosciutto-muntsaus 65

munt
  muntpesto 102
  tuinbonen-prosciutto-muntsaus 65

n

napoletanasaus 40
nootmuskaat, romige spinazie-nootmuskaatsaus 137

o

olijven
  ansjovis-olijvensaus 174
  aubergine-paprika-olijvensaus 169
  olijven-kappertjestapenade 170
  pesto met groene olijven 103
  pittige olijvensaus 238
  pompoen-spek-olijvensaus 68
  zongedroogde-tomatensaus met olijven 101
  zwarteolijven-tomatensaus 100

p

paddenstoelen
  asperge-champignonsaus 159
  buongustaiosaus 31
  cantharellenroomssaus 138
  champignon-ansjovissaus 209
  champignon-bacon-tomatensaus 236
  champignon-citroen-ansjovissaus 168
  champignon-kruidenkaassaus 225
  champignon-pepersaus 158
  groentebolognese 110
  ham-champignonsaus 95
  ham-erwten-champignonsaus 78
  kip-champignonsaus 82
  kippenlever-champignonsaus met marsala 85
  paddenstoelen-gruyèresaus 219
  paddenstoelen-pijnboompittensaus 134
  prei-champignonsaus 244
  prosciutto-porcinisaus 66
  rijke bolognesesaus 57
  saus in ciociarastijl 32
  sojabolognese met tomaten en champignons 108
  spinazie-champignonsaus 131
  stroganoffsaus 94
  tomaten-champignonsaus met garnalen 189
  tomaten-champignonsaus 128
  tonijn-champignonsaus 192
  wildsaus met paddenstoelen 86
paglia e fieno 32
pancetta
  amatricianasaus 34
  arrabiatasaus met knoflookkruimels 72
  pancetta-bonen-knoflooksaus 71
  pancetta-selderijsaus 70
  snelle carbonarasaus 232

tomaten-pancettasaus 60
Parmezaanse kaas
  Alfredosaus 140
  broccoli-chilisaus 246
  chilisaus 51
  ciabattasaus met parmezaanse kaas 217
  driekazenpesto 228
  driekazensaus 47
  groenepaprika-korianderpesto 147
  groentesaus met worst 250
  ham-tomaten-kaassaus 96
  kazige ei-roomsaus 221
  kip-tomatensaus 83
  kruiden-citroensaus 240
  kruidige all'arrabiatasaus 44
  mascarpone-walnootsaus 223
  muntpesto 102
  pancetta-selderijsaus 70
  peperonatasaus 39
  pesto genovese 36
  pesto met groene olijven 103
  pesto-zalmsaus 234
  pikante koriander-cashewnotenpesto 146
  pittige geroosterdepaprika-korianderpesto 119
  pompoen-spek-olijvensaus 68
  prei-pepersaus 151
  primaverasaus 37
  prosciutto-doperwtensaus 235
  puttanescasaus 45
  ricotta-spinaziesaus 215
  rijke tomatensaus 49
  romige krab-artisjoksaus 179
  romige walnotensaus 115
  salsa primavera verde 106
  saus in ciociarastijl 32
  saus van geroosterde groenten 46
  snelle carbonarasaus 232
  spek-saliesaus met borlottibonen 56
  spek-venkelsaus 79
  tomaten-eiersaus 105
  vierkazensaus 226
  vongolesaus 42
  walnoten-pijnboompittensaus 245
  worst-mosterd-roomsaus 73
  zongedroogde-tomatenpesto met amandelen 148
paprika-ansjovissaus 208
paté-roomsaus 87
pecorino
  ansjovis-knoflooksaus 43
  Calabrische saus 53
  chilisaus 51
  groentesaus met worst 250
  ham-tomaten-kaassaus 96
  karrenmennerssaus 38
  pesto genovese 36
  spek-saliesaus met borlottibonen 56
peperkorrels
  aubergine-paprika-olijvensaus 169

champignon-pepersaus 158
  gelepaprikasaus 135
  geroosterdepaprika-ansjovissaus 172
  geroosterdepaprikasaus 120
  geroosterdepaprika-walnootsaus 117
  groenepaprika-korianderpesto 147
  groentesaus met worst 250
  guacamolesaus 125
  Italiaanse groentesaus 155
  kruiden-knoflooksaus 156
  mediterrane vissaus 204
  napoletanasaus 40
  paprika-ansjovissaus 208
  peperonatasaus 39
  peperoni-condiverdisaus 251
  pikante zeevruchtensaus 203
  pittige geroosterdepaprika-korianderpesto 119
  pompoen-spek-olijvensaus 68
  romige rodepaprikasaus 136
  saus van geroosterde groenten 46
  Syracusesaus 33
  tonijn-champignonsaus 192
  worst-tomatensaus 75
  zoet-pittige auberginesaus 121
  zongedroogde-tomatensaus met olijven 101
peperonatasaus 39
peperoni-condiverdisaus 251
pepperoni-ui-balsamicosaus 64
pesto 24
  amandel-peterseliepesto 157
  citroenpesto 242
  courgette-rodepestosaus 143
  driekazenpesto 228
  geitenkaas-pijnboompittensaus 212
  geitenkaas-waterkerspesto 214
  groenepaprika-korianderpesto 147
  muntpesto 102
  pesto genovese 36
  pesto met groene olijven 103
  pesto trapanese 25
  pesto-zalmsaus 234
  pikante koriander-cashewnotenpesto 146
  tuinbonen-artisjokkenpesto 144
  walnotenpesto genovese 145
  zongedroogde-tomatenpesto met amandelen 148
pijnboompitten
  champignon-pepersaus 158
  driekazenpesto 228
  geitenkaas-pijnboompittensaus 212
  geitenkaas-waterkerspesto 214
  groenepaprika-korianderpesto 147
  koriandersaus 27
  paddenstoelen-pijnboompittensaus 134
  pesto 24
  pittige geroosterdepaprika-korianderpesto 119
  pittige worstensaus 52

pompoen-spek-olijvensaus 68
saffraan-sardinesaus 190
sardine-knoflook-tomatensaus 41
tuinbonen-artisjokkenpesto 144
walnoten-pijnboompittensaus 245
pikante aubergine-tomatensaus 160
pikante koriander-cashewnotenpesto 146
pikante krabsaus 181
pikante puttanescasaus 207
pikante zeevruchtensaus 203
pimiento's, gemengdebonensaus 154
pittige balsamicosaus 124
pittige garnalensaus 188
pittige gehaktballetjessaus 88
pittige geroosterdepaprika-korianderpesto 119
pittige olijvensaus 238
pittige rucolasaus 127
pittige saus van geroosterde kerstomaten 122
pittige tomaten-pepperonisaus 59
pittige tomatensaus 165
pittige worstensaus 52
pompoen-spek-olijvensaus 68
prei
　lam-preisaus met peperkorrels 89
　prei-champignonsaus 244
　prei-pepersaus 151
　prei-walnootsaus met tofoe 150
primaverasaus 37
prosciutto *zie* ham
puttanescasaus 45

r
radicchio-roomsaus 118
ratatouille 112
ricotta
　amandel-peterseliepesto 157
　driekazenpesto 228
　driekazensaus 47
　karrenmennerssaus 38
　ricotta-spinaziesaus 215
rijke bolognesesaus 57
rijke tomatensaus 49
rivierkreeftsaus met dragon 183
rode saus met erwten 97
romige krab-artisjoksaus 179
romige rodepaprikasaus 136
romige spinazie-nootmuskaatsaus 137
romige tomaten-speksaus 50
romige walnoot-dolcelattesaus 216
romige walnotensaus 115
romige wodkatomatensaus 239
room
　Alfredosaus 140
　asperge-champignonsaus 159
　avocado-roomsaus 126
　blauwekaassaus 249
　champignon-kruidenkaassaus 225
　champignon-pepersaus 158
　dolcelattesaus 229

garnalen-brandewijnsaus 187
geitenkaas-pijnboompittensaus 212
gerooktezalmsaus met asperges 195
gorgonzolasaus 222
kazige ei-roomsaus 221
kippenlever-saliesaus 233
kruidige zalmsaus 199
marinarasaus met gember 200
mossel-saffraansaus 177
paddenstoelen-gruyèresaus 219
pikante krabsaus 181
prei-pepersaus 151
radicchio-roomsaus 118
rivierkreeftsaus met dragon 183
saus van gemengde zeevruchten 202
snelle carbonarasaus 232
tonijnsaus 191
vierkazensaus 226
walnoten-pijnboompittensaus 245
zeevruchtensaus 201
zuringsaus 141
rozemarijn
　courgettesaus met rozemarijn 130
　kip-rozemarijnsaus 81
　varkensvlees-rozemarijnsaus 90
rozijnen, saffraan-sardinesaus 190
rucola
　geitenkaas-pijnboompittensaus 212
　kruidige zalmsaus 199
　pittige rucolasaus 127
　rucola-kerstomatensaus 247
runderbouillon 20
rundvlees
　bolognesesaus 28
　gehaktballensaus 26
　runderbouillon 20
　stroganoffsaus 94

s
saffraan
　mossel-saffraansaus 177
　saffraan-sardinesaus 190
　saffraansaus 139
salami, Calabrische saus 53
salie
　kippenlever-saliesaus 233
　salie-botersaus 243
　spek-saliesaus met bolottibonen 56
salsa primavera verde 106
sardines
　saffraan-sardinesaus 190
　sardine-knoflook-tomatensaus 41
saus in Ciociarastijl 32
saus van gemengde zeevruchten 202
saus van geroosterde groenten 46
Siciliaanse saus 30
sint-jakobsschelpen
　marinarasaus met gember 200
　saus van gemengde zeevruchten 202
　sint-jakobsschelpensaus met venkel 182
　zeevruchtensaus 201

snelle carbonarasaus 232
snijbiet 129
sojabolognese met verse tomaat en soja 107
sojabolognese met tomaten en champignons 108
sojabolognese met verse tomaat en soja 107
Spaanse peper
　broccoli-chilisaus 246
　chilisaus 51
　hete jalapeñotapenade 171
　pikante aubergine-tomatensaus 160
　pikante koriander-cashewnotenpesto 146
　pikante krabsaus 181
　pikante puttanescasaus 207
　pikante zeevruchtensaus 203
　pittige balsamicosaus 124
　pittige geroosterdepaprika-korianderpesto 119
　pittige rucolasaus 127
　pittige saus van geroosterde kerstomaten 122
　pittige tomatensaus 165
　Spaansepeper-knoflooksaus 237
spek/bacon
　aardperen-speksaus 67
　ansjovis-knoflooksaus 43
　aubergine-tomaat-speksaus 77
　chilisaus 51
　kruidige all'arrabiatasaus 44
　pompoen-spek-olijvensaus 68
　rijke bolognesesaus 57
　rode saus met erwten 97
　romige tomaten-speksaus 50
　spek-champignon-tomatensaus 61, 236
　spek-knoflook-venkelsaus 69
　spek-saliesaus met bolottibonen 56
　spek-tuinbonensaus 63
　spek-venkelsaus 79
　vierkazensaus 226
sperziebonen
　pesto genovese 36
　walnotenpesto genovese 145
spinazie
　ricotta-spinaziesaus 215
　romige spinazie-nootmuskaatsaus 137
　spinazie-champignonsaus 131
　spinazie-kaassaus 220
stroganoffsaus 94
sugo di pomodoro 162
Syracusesaus 33

t
tahin, kikkererwten-tahinsaus 142
tapenade
　hete jalapeñotapenade 171
　olijven-kappertjestapenade 170

register 255

tartaarsaus met inktvis en tomaat 184
tomaten
   amatricianasaus 34
   ansjovis-knoflooksaus 43
   arrabiatasaus met knoflookkruimels 72
   aubergine-tomaat-speksaus 77
   basistomatensaus 48
   bolognesesaus 28
   boterige tomatensaus 111
   buongustaiosaus 31
   Calabrische saus 53
   champignon-bacon-tomatensaus 236
   gelepaprikasaus 135
   gladde groentesaus 152
   groentebolognese 110
   groentebolognese met linzen 163
   groenteragout 113
   ham-tomaten-kaassaus 96
   kikkererwten-tomatensaus 104
   kip-rozemarijnsaus 81
   kruidige all'arrabiatasaus 44
   linzen-tomatensaus 109
   mediterrane groentesaus 161
   mossel-tomatensaus 176
   napoletanasaus 40
   olijven-kappertjestapenade 170
   peperonatasaus 39
   pesto trapanese 25
   pikante aubergine-tomatensaus 160
   pikante puttanescasaus 207
   pittige gehaktballetjessaus 88
   pittige saus van geroosterde kerstomaten 122
   pittige tomaten-pepperonisaus 59
   pittige tomatensaus 165
   primaverasaus 37
   puttanescasaus 45
   ratatouille 112
   rijke tomatensaus 49
   rode saus met erwten 97
   romige tomaten-speksaus 50
   romige wodkatomatensaus 239
   rucola-kerstomatensaus 247
   sardine-knoflook-tomatensaus 41
   Siciliaanse saus 30
   sojabolognese met tomaten en champignons 108
   sojabolognese met verse tomaat en soja 107
   sugo di pomodoro 162
   tartaarsaus met inktvis en tomaat 184
   tomaten-champignonsaus 128
   tomaten-champignonsaus met garnalen 189
   tomaten-eiersaus 105
   tomaten-kerriesaus 114
   tomaten-knoflooksaus 164
   tonijn-tomatensaus 206

venusschelpen-tomatensaus 175
verse tomaten-basilicumsaus 123
walnoten-camembert-gruyèresaus 218
worst-tomatensaus 75
zeebaars-tomatensaus 193
zongedroogde-tomatenpesto met amandelen 148
zongedroogde-tomatensaus met koriander 149
zongedroogde-tomatensaus met olijven 101
zwarteolijven-tomatensaus 100
tonijn
   tonijn-champignonsaus 192
   tonijnsaus 191
   tonijn-tomatensaus 206
trapanese, pesto 25
tuinbonen
   groene saus met tuinbonen 129
   salsa primavera verde 106
   spek-tuinbonensaus 63
   tuinbonen-artisjokkenpesto 144
   tuinbonen-prosciutto-muntsaus 65

U

uien, pepperoni-ui-balsamicosaus 64

V

varkensvlees-rozemarijnsaus 90
venkel
   gerooktezalm-dillesaus 198
   saffraan-sardinesaus 190
   sint-jakobsschelpensaus met venkel 182
   spek-knoflook-venkelsaus 69
   spek-venkelsaus 79
   zeeduivel-mascarponesaus 194
venus-/tapijtschelpen
   venusschelpen-tomatensaus 175
   vongolesaus 42
verse tomaten-basilicumsaus 123
vierkazensaus 226
vierkruiden-prosciuttosaus 58
visbouillon 18
volle konijnsaus 93
vongolesaus 42

W

walnoten
   geroosterdepaprika-walnootsaus 117
   koriander-walnootsaus 116
   mascarpone-walnootsaus 223
   prei-walnootsaus met tofoe 150
   romige walnoot-dolcelattesaus 216
   romige walnotensaus 115
   walnoten-camembert-gruyèresaus 218
   walnotenpesto genovese 145
   walnoten-pijnboompittensaus 245

worst-kastanje-walnotensaus 74
waterkers, geitenkaas-waterkerspesto 214
wild
   haassaus 91
   wildsaus met paddenstoelen 86
wodka
   garnalen-wodkasaus 185
   gerooktezalm-wodkasaus 196
   kazige citroen-wodkasaus 224
   romige wodkatomatensaus 239
worst
   bolognesesaus 28
   groentesaus met worst 250
   pepperoni-ui-balsamicosaus 64
   pittige tomaten-pepperonisaus 59
   pittige worstensaus 52
   worst-kastanje-walnotensaus 74
   worst-mascarponesaus 76
   worst-mosterd-roomsaus 73
   worst-tomatensaus 75

Z

zalm
   gember-limoensaus met gerookte zalm 197
   gerooktezalm-dillesaus 198
   gerooktezalmsaus met asperges 195
   gerooktezalm-wodkasaus 196
   pesto-zalmsaus 234
zeebaars-tomatensaus 193
zeeduivel
   saus van gemengde zeevruchten 202
   zeeduivel-mascarponesaus 194
zeevruchten
   pikante zeevruchtensaus 203
   saus van gemengde zeevruchten 202
   zeevruchtensaus 201
   zoeteaardappel-kikkererwtensaus 132
zoet-pittige auberginesaus 121
zongedroogde tomaten
   zongedroogde-tomatenpesto met amandelen 148
   zongedroogde-tomatensaus met koriander 149
   zongedroogde-tomatensaus met olijven 101
zuringsaus 141
zwarteolijven-tomatensaus 100